非認知能力×認知能力

子どもの才能を伸ばす

最高の子育て

お茶の水女子大学教授
浜野 隆

ソシム

はじめに

本書では、さまざまな研究・エビデンスを示しながら、子どもたちにとって良いと考えられる子育てについて考えていきたいと思います。ただ、何をもって「良い」と考えるかは、子育ての目標をどこに置くかということと深くかかわっています。

子育ての最終的な目標は何でしょうか。

私は、**「子どもの自立」**にあると考えています。自立とは、「自分の足で立って歩んでいける」ということです。もちろん、他人を頼らないとか、自分だけの力で進んでいくという意味ではありません。必要なときに誰かに依存することも重要な能力だと考えています。それと同時に、自分の長所は、誰かを助けるために使うこともできます。このような支え合いは、これからの社会に求められる能力です。

いま、世界は非常に変動が激しく、先行きの見通しにくい「VUCA」(変動が大きく、不確実で、複雑、あいまい)の時代になると予測されています。ここ数年をとってみても、新型コロナウイルス感染症の蔓延、ウクライナ戦争、エネルギー・食料をはじめとする物価高騰など、大きな変化が次々に起こっています。子どもたちは、これからも大きな社会変動のなかで生きていくことになるでしょう。

なかでも、日本はいま非常に不安定な状況にあります。

1989年、世界の時価総額ランキングトップ50には、日本企業が32社入り、トップ5は日本企業が独占していました。しかし、2022年時点では1社もランクインしていません。また、日本の一人当たりGDPは、台湾、韓国に抜かれるという予測もあります。

このように、日本の国際的な地位は下落傾向にあり、1990年代にトップだった国際競争力ランキングは34位にまで落ち込み、マレーシアやタイといった国々にも抜かれてしまいました(2022年)。

平成の30年間を見ただけでも、大きな変化があったことが読み取れます。このように変動が激しい社会を生きていくには、どのような力が必要になるでしょうか。

その答えを探るべく、世界の教育界では、さまざまな模索をしています。

OECD（経済協力開発機構）では、子どもが人生を歩むうえで、より幸せな生き方ができるような能力のことを「社会情動的スキル」と名づけ、とくに次の3つを重視しています。

- 目標を達成する力（忍耐力、自制心、目標への情熱、自己効力感）
- 他者と協働する力（社交性、敬意、思いやり、共感性、信頼）
- 感情をコントロールする力（自尊心、楽観性、自信）

これらの力は、身につけていれば「絶対に大丈夫」というものではありません。

しかし、これらの力があれば多くの場面で柔軟に対処でき、生きやすくなると思います。

こうした能力は、本書のキーワードである「非認知能力」であり、古くからさまざまな分野で研究が進められてきました。
非認知能力は、学力や知能などテストで測定できる能力ではなく、自制心や意欲、忍耐力、挫折や失敗から立ち直る力などを指します。

非認知能力は生まれつきの気質に加え、環境とのかかわりのなかで長い時間をかけて育まれていきます。家庭での親のかかわりや子どもの周りにあるモノやメディアも重要な「環境」です。とりわけ、家庭は子どもたちが長い時間を過ごす場所ですので、そこで受ける子育てや刺激は重要な役割を果たします。

一方で、認知能力（学力）が重要でないわけではありません。**認知能力と非認知能力は相互に関係**し合っています。認知能力と非認知能力は車の両輪であり、バランスよく育てていくことが大切です。

そこで、本書では認知能力と非認知能力の育ちを家庭でどのように支えていけばいいか、エビデンスに基づいて探っていきます。皆さんのより良い子育てを実践するための一助になればうれしい限りです。

Part 3 非認知能力も認知能力も両方伸ばすために親がやるべきこと

Chapter 1 認知能力と非認知能力

Chapter 2 「目標を達成する力」を伸ばす方法

Chapter 3
「他者と協働する力」を伸ばす方法

Chapter 4
「感情をコントロールする力」を伸ばす方法

Chapter 5 認知能力も伸ばすためにやるべきこと

お悩み相談Column 教えて、ハマノ先生！

※文中敬称略

Part 1

非認知能力が
注目される理由

いま、子どもの非認知能力は世界中の教育機関で注目され、さまざまな研究が盛んに行われています。グーグルやアマゾンといった世界のトップ企業は採用の基準として非認知能力を重視しており、日本の企業でもその動きは広まりつつあります。

それに呼応するように、政府も非認知能力を伸ばす方針を示すなど、教育のあり方が大きく変わろうとしています。

一方で、非認知能力は、家庭での親とのかかわりによって左右されることもわかっており、学校などの公的な場だけでなく、家庭環境が重要なカギを握ります。そこで、本章では非認知能力に関する社会情勢や基本的な考え方を紹介いたします。

Part 1

Chapter 1

世界で認められる
非認知能力の
重要性

概論

グーグルやアマゾンも注目！社会情動的スキルとは!?

世界的に広まった契機

最近になって初めて非認知能力を知ったという方も多いかもしれませんが、心理学の世界では古くから研究されており、実はそれほど新しいワードというわけではありません。

近年注目を浴びるようになったのは、ＯＥＣＤ（経済協力開発機構）の加盟国をはじめとした先進各国で教育の指針として取り入れられるようになったからです。とくに教育関連機関では、非認知能力を社会生活を歩むスキルという側面で捉え、「社会情動的スキル」と表現しています。※1

※1 ベネッセ教育総合研究所, 2015,『家庭、学校、地域社会における社会情動的スキルの育成 国際的エビデンスのまとめと日本の教育実践・研究に対する示唆』

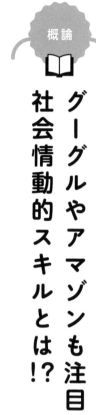

このような表現になったのは、2000年にノーベル経済学賞を受賞したジェームズ・ヘックマンが、生まれつきのものと捉えられがちな「能力」という言葉ではなく、後天的に伸ばすことができる「スキル」と表現したことが影響しています。

ヘックマンは経済学者ですが、早くから非認知能力に目を向けていました。ヘックマンが注目したのは、1962年から開始された『ペリー・プレスクール・プロジェクト』という研究です。これは、貧困にあえぐ就学前の子どもに対し、質の高い教育を施し、成人後の生活を追跡調査するというもので、長期にわたって実施されました。

この研究結果をもとにヘックマンは、**幼少期に育まれた非認知能力が将来の学歴や収入に影響する**と主張し、国際的に注目されました。

企業が求めるスキルの多くは非認知能力

ヘックマンの研究以降、非認知能力は多方面から注目を集め、現在は大手企業でも採用基準として取り入れられています。

グーグルを運営し、世界トップクラスの時価総額を誇るアルファベットが、採用において最も重視するスキルとして学力ではなく、知的好奇心を挙げています。同社の人材開発部長は次のように述べています。

「グーグルで成功する人は、すぐに行動を起こしたがる傾向がある。壊れている物を見つけたらすぐに直すような性格だ。問題を見つける能力も重要だが、見つけた問題について不満を並べたり、誰かがそれを解決してくれるのを待っていたりしないこと。『どうすればもっと良くできるだろう』と自問すること。それからすべてにおいてコラボレーションが必要不可欠だ。周囲に多様な専門性をもつ人がいることに気がつき、彼らから学ぶ能力のある人物を私たちは高く評価する」※2

この言葉から、学力が高いことよりも、**どんなことにも好奇心を抱き、疑問をもって行動できる人物を求めている**ことがうかがえます。

また、グーグルとともに世界的な企業として有名なアマゾンの大学採用ディレクターも、「絶え間なく好奇心をもち続けること」がきわめて重要な要素だとアメリカの大手ニュースサイトCNBCのインタビューに回答しています。

世界を代表する成長企業が口をそろえて、知識や知能指数よりも好奇心や創造性、コラボレーションする力を評価しているのは、時代の変化を象徴する出来事だと考え

※2 プレジデントオンライン『グーグルが「採用で最も重視するスキル」とはなにか』
https://president.jp/articles/-/33295?page=1

図 1-1　企業が求める新入社員のスキル

1位	コミュニケーション能力 (83%)
2位	主体性 (62%)
3位	チャレンジ精神 (51%)
4位	協調性 (49%)
5位	誠実性 (41%)
6位	ストレス耐性 (35%)
7位	責任感 (26%)
8位	論理性 (24%)
9位	課題解決力 (20%)
10位	ポテンシャル (19%)

※ (%) は 2019 年までの 10 年間の回答率平均値
(6 位と 9 位の項目は 2016 年から追加されたため 4 年間の平均値)

られます。いずれも高い非認知能力によって発揮される力であり、これからの時代に必要になる力だと言い換えることもできます。

実は、日本企業でも非認知能力を重視する傾向があります。経団連の『新卒採用に関するアンケート』によると、新卒者の選考にあたって重視した点は上の図のようにコミュニケーション能力が最多で、次いで主体性やチャレンジ精神、協調性など非認知能力が上位を独占しています。

いま、企業で求められているのは学力だけではありません。**非認知能力によって発揮される社会的スキル**こそが重視されているのです。

概論

学力〝だけ〟が高い日本の子ども 国際比較で見えた現状と課題

「PISAショック」とも呼ばれた読解力低下の原因とは

２０１９年４月、日本人の読解力が落ちたというニュースが報じられ、学力低下を懸念する声が強まりました。

このニュースは、ＯＥＣＤが３年ごとに行っている学習到達度調査（ＰＩＳＡ）をもとに報じられたため、「ＰＩＳＡショック」などとも呼ばれました。２０１８年の調査結果によると、日本の読解力は５０４点で37ヵ国中11位。２０１２年は５３８点で参加国中トップだったことを考えると大幅に下落したように見えます。※1

しかし、この結果だけを見て、学力が低下していると判断するのは早計です。ほかの項目に目を向けて見ると、数学的リテラシーは５２７点で1位、科学的リテラシー

※1 ベネッセ教育総合研究所, 2015,『家庭、学校、地域社会における社会情動的スキルの育成 国際的エビデンスのまとめと日本の教育実践・研究に対する示唆』

図1-2 日本の学習到達度調査（PISA）の推移

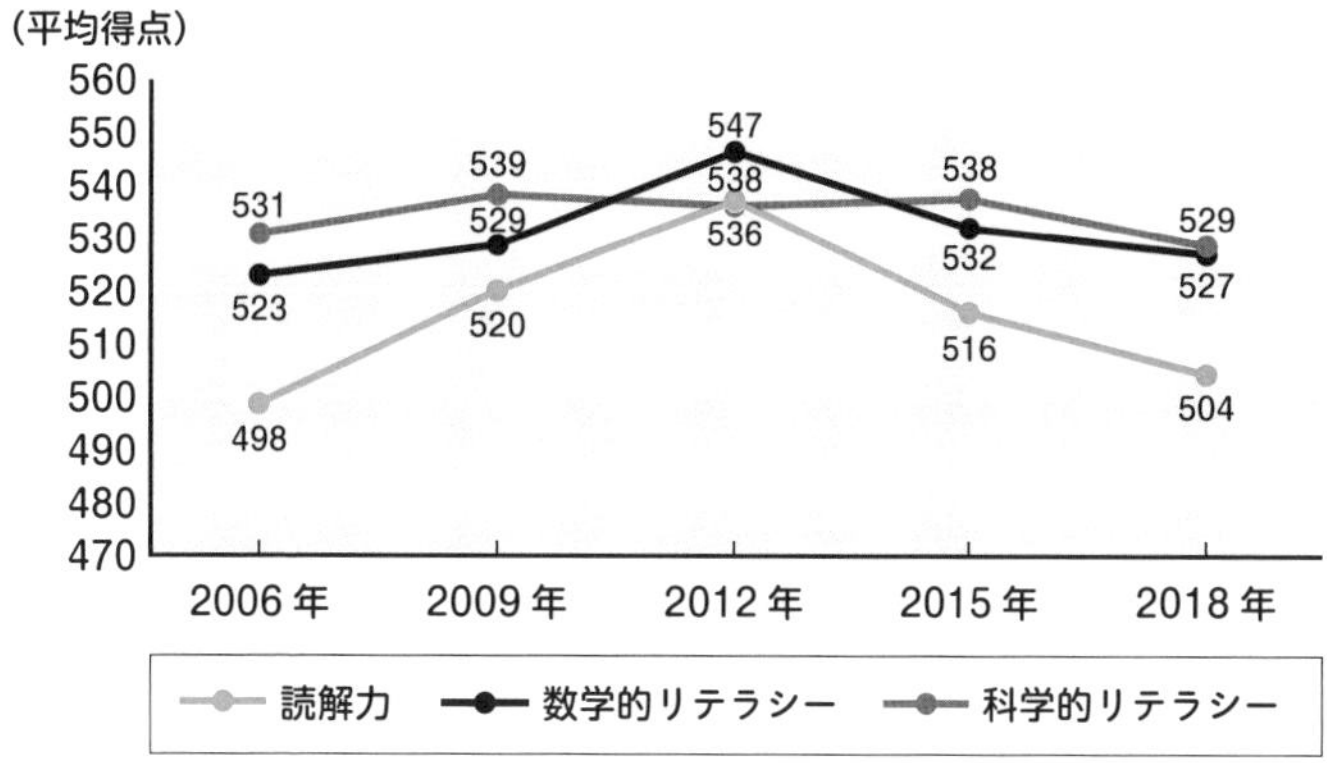

出典：国立教育政策研究所『OECD生徒の学習到達度調査（PISA）』
https://www.nier.go.jp/kokusai/pisa/

は529点で2位とトップクラス。依然として日本の学力は、世界でも上位に入るレベルを維持しているといえるでしょう。

では、いったいなぜ読解力が落ちているのでしょうか。文部科学省の分析では生徒側の「情報を探し出す能力」と「評価し、熟考する能力」がOECDの平均得点以下になっていることを指摘しています。また、自由記述の問題では、自分の考えを他者に伝わるように記述できない誤答が多かったとしています。

つまり、文章中からの引用などはできるものの、実際に自分の言葉で説明しようとすると思考につまってしまう子が多いと推測できます。

一方、世界でトップに輝いた数学でも、日本の子どもの意欲・関心の低さは目立っています。「数学で学ぶ内容に興味がある」と回答した生徒は37・8%。OECD平均の53・1%に遠く及びません。さらに、「数学を勉強しているのは楽しいからである」と回答した割合は20・9%で、こちらもOECD平均の38・1%とはかけ離れています。

このように、日本の生徒は学ぶということに対する意欲が低く、そもそも学習に楽しさを感じていない実情が浮かび上がります。

非認知能力を評価する新しい入試も登場

こうした現状を受けて、非認知能力を伸ばそうとする学校も出てきています。

神奈川県にある私立相模女子大学中学部・高等部では、入試で生徒の非認知能力を評価するため、プログラミングを導入しました。※2

※2 新タイプ入試ガイド『非認知能力に着目した新型入試「プログラミング」を行う相模女子大学中学部・高等部』
https://s-type.jp/1265/

プログラミングといっても、ITの知識を試すものではありません。まず試験の冒頭で『この命令でこう動く』といったコンピュータに指示する知識についての授業を実施。その後に授業で得た知識をもとに課題を達成していくというものです。

生徒たちに与えられた時間は80分。その間、生徒たちは試行錯誤を続け、最後に各自のプログラミング内容を発表し、グループディスカッションを行います。

採点は試験官が子どもたちの取り組みを見て判断します。課題に対する着眼点やコマンドの使用方法、効率的なプログラムを作成できているかなど基準は多岐にわたりますが、最後まで課題解決に向けて取り組むことができたかどうかが、最も評価の対象になるそうです。

この試験に明確な正答はありません。だからこそ個人で考え、**試行錯誤を繰り返して自由な回答を導き出すという作業を遂行できるかが評価される**のです。

学力だけでなく、試験のなかで学び、発想し、最後まで回答にたどり着こうとする意欲も大切です。それはまさに非認知能力によってなせるわざなのです。

概論

日本の子どもは非認知能力が育ちにくい？

自己肯定感は先進各国で最低水準

最近は、一般的な会話のなかでも**自己肯定感**という言葉がよく聞かれるようになりました。

自己肯定感とは、ありのままの自分を肯定する感覚を指します。簡単にいうと「自分はこのままでもいいんだ」「私ならできる」といった自分自身を信じられる感覚のことです。

自己肯定感は非認知能力を育てるうえで重要なファクターになります。ところが、日本の若者は先進各国と比べると自己肯定感が低いことがわかっています。

図1-3　自分に満足している子どもの割合の国際比較

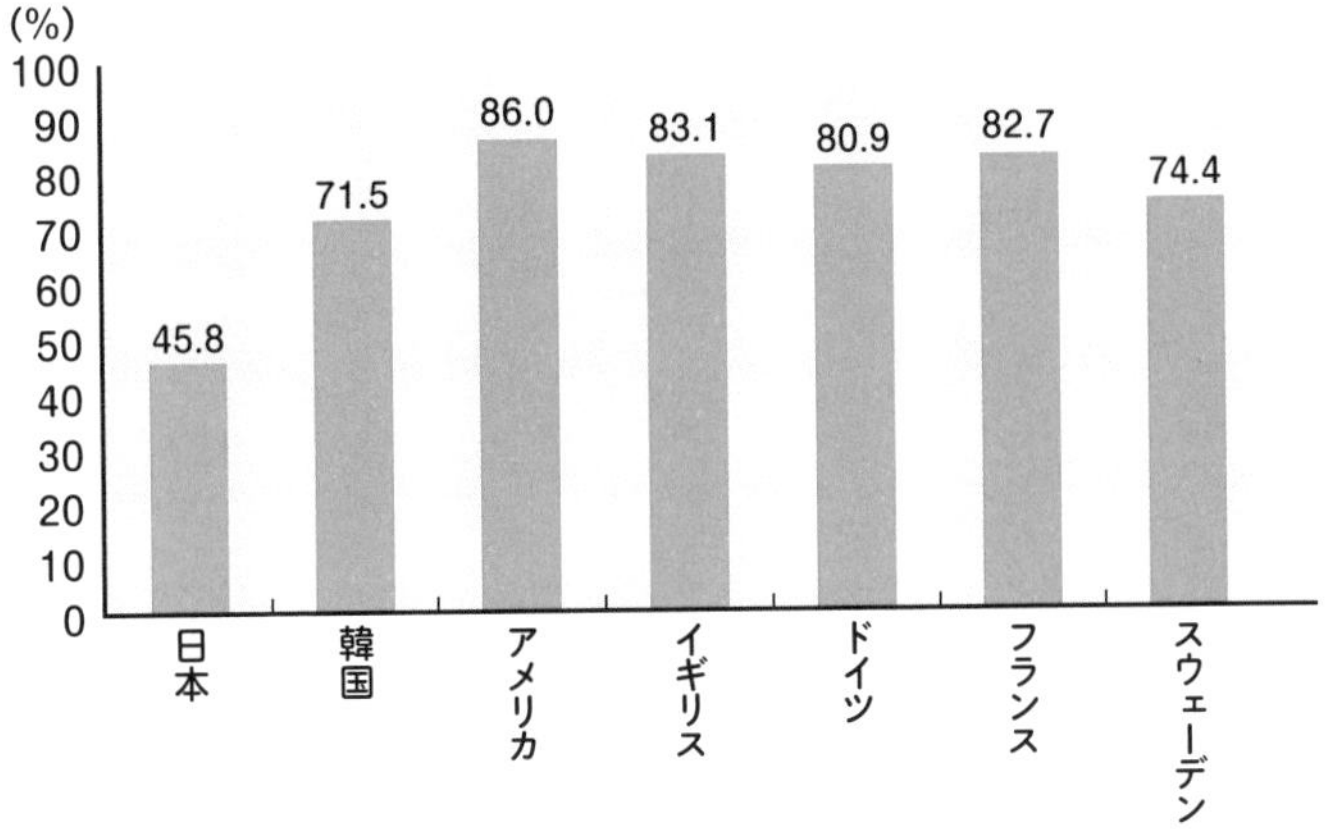

たとえば、自分自身に満足している若者の割合は、日本が45・8%なのに対し、ほかの先進各国は軒並み70%を超えています。[※1]

さらに、日本の子どもたちは成長するにつれて自己肯定感が大きく下がるといわれています。小学生のころから中学生にかけての下落幅は、ほかの先進国にはないほど大きくなっています。[※2]

いわば、**日本の子どもは、非認知能力が育ちにくい心理や考え方になっている**といえるでしょう。

※1　内閣府『平成26年版 子供・若者白書』
※2　古荘純一, 2019,『「いい親」をやめるとラクになる』青春出版社

概論

学力以外はすべて含まれる？非認知能力を構成する力とは

認知能力以外は、ほとんどが非認知能力

では、非認知能力とは具体的にどのような力を指しているのでしょうか。

実は、この問いについて厳格に線引きをするのは難しいと言わざるを得ません。というのも、非認知能力は、IQや言語・計算能力などに代表される認知能力以外の力すべてを指す総称だからです。

ただ、一般的にはやり抜く力や自制心、他者との協調などを指すことが多く見られます。いずれも目標の達成や自己実現、生産性などにプラスの影響をもたらします。

OECDでは、社会情動的スキルに含まれる力を、次の3つに分類しています。

① 目標を達成する力（忍耐力、自制心、目標への情熱、自己効力感）

②他者と協働する力（社交性、敬意、思いやり、共感性、信頼）
③感情をコントロールする力（自尊心、楽観性、自信）

一方、教育経済学者の中室牧子は次のように分類しています。

①自己認識（能力についての自己概念、自己効力感）
②意欲（マインドセット、内発的動機づけ）
③忍耐力（やり抜く力）
④自制心
⑤メタ認知
⑥社会的コンピテンス（リーダーシップ、ソーシャルスキル）
⑦レジリエンスと対処能力
⑧創造性
⑨性格的な特性

いずれの能力も先天的なものではなく、生活習慣や環境、学びなどによって獲得できるものだと考えられています。

「勉強ができて性格も良い人」を育むことが目的

ただし、非認知能力だけが高ければいいというわけではありません。「勉強ができて性格が悪い人」と「勉強はできないが性格が良い人」のどちらがいいかといった話題を口にしたことはないでしょうか。

この問いに対して「勉強ができて性格も良い人」がいいと答える人もいるかもしれませんが、非認知能力の研究は、まさにそのような人を育てるのに役立つかもしれません。

非認知能力と認知能力は相反するものではなく、どちらも深く関係し合いながら成長する相互関係にあります。つまり、非認知能力が高まれば認知能力の向上を促し、認知能力を獲得することによって、非認知能力が伸びることになります。

いわば、非認知能力と認知能力をどうやって相互に伸ばしていくかが、教育における最大のテーマだといえるでしょう。このテーマについては、Ｐａｒｔ３でくわしく解説していきます。

図1-4　非認知能力に含まれるおもな力

学術的な呼称	一般的な解釈
自己認識	自分に対する自信がある、やり抜く力がある
意欲	やる気がある、意欲的である
忍耐力	忍耐強い、粘り強い、根気がある、気概がある
自制心	意志力が強い、精神力が強い、自制心がある
メタ認知	理解度を把握する、自分の状況を把握する
社会的コンピテンス	リーダーシップがある、社会性がある
レジリエンスと対処能力	すぐに立ち直る、うまく対応する

創造性と批判的思考

また、認知能力と非認知能力はそれぞれ独立しているわけではなく、複雑に絡み合っています。その双方の性格をもつ例として、OECDは創造性や批判的思考力を挙げています。

創造性は、新しくユニークで、目の前の課題に適したコンテンツを創り出すことと定義されています。一方、批判的思考力は論理的な思考と情報の分析によって問題への解決策を見出す能力です。※1

いずれの能力も、コンピューターやAIが代替しにくいものであり、これからの時代にますます求められる能力といえます。

※1　経済協力開発機構（OECD）編著, 2018,『社会情動的スキル――学びに向かう力』明石書店

概論

ウェルビーイングと非認知能力の関係

国策にもなった「ウェルビーイング」の向上

非認知能力を伸ばすことは、学力向上だけを目的にしているわけではありません。すでに述べてきた通り、課題解決やコミュニケーション能力、自己を客観的に見つめる視点など、より良く生きるためのスキルを身につけることが大切です。

近年、よりよく生きることを「ウェルビーイング」と表現することがあります。ウェルビーイングは個人の心身や経済的、社会的な健康を含んだ考え方で、1947年に採択されたＷＨＯ（世界保健機関）憲章をきっかけにして、世界各国に広がりました。2015年の国連サミットで採択されたＳＤＧｓの目標のひとつにも掲げられています。

2020年、UNICEFが先進38カ国の子どもを対象にして、ウェルビーイングの実態を調査・分析しました。[※1]

これは、子どもたちの精神的幸福度、身体的健康、スキル（数学・読解力や社会的スキル）の指標を設けて、各国をランク付けしたものです。

その結果によれば、**日本は身体的健康の項目で1位でしたが、精神的幸福度では37位**と低迷していることがわかりました。

また、スキルの指標で調査された数学・読解力の基礎的習熟度はいずれもトップ5にランクインしていますが、社会的スキルの「すぐに友だちができる」と回答した割合はチリに次いで2番目に低い結果となっています。

こうした現状を打破すべく、日本政府はいわゆる「骨太の方針」でも、ウェルビーイングの向上を目標に掲げ、国策にもなっています。

※1 UNICEF, 2020,『イノチェンティ レポートカード16 子どもたちに影響する世界 先進国の子どもの幸福度を形作るものは何か』

利他性がウェルビーイングにつながる

では、子どもたちのウェルビーイングを実現するためには、どのようなことが必要になるのでしょうか。

周囲の大人が子どもたちを取り巻く環境を整えることも大切ですが、子どもたち自身が社会全体の利益を考えられるような思考を身につけなければ、ウェルビーイングは限定的なものになってしまいます。つまり、**自分だけの幸福ではなく、誰かの幸福も考えられる思考を身につけることが大切**なのです。これは、前述した向社会的行動ともよく似ています。

こうした思考や行動は、いくつかの段階を踏んで身につけていくものと考えられています。社会心理学者の内田由紀子らは、左図のようなプロセスを踏んでウェルビーイングが深化していくとしています。※2

内田らの考えに基づけば、まず出発点となるのは「いま、個人が楽しいと思える生活を送ることができているかどうか」です。たとえば、「学校が楽しい」「日常生活

※2 内田由紀子・ジェルミー・ラプリー『教育政策におけるウェルビーイング』
https://www.mext.go.jp/kaigisiryo/content/000177757.pdf

図1-5　ウェルビーイングが深まる過程

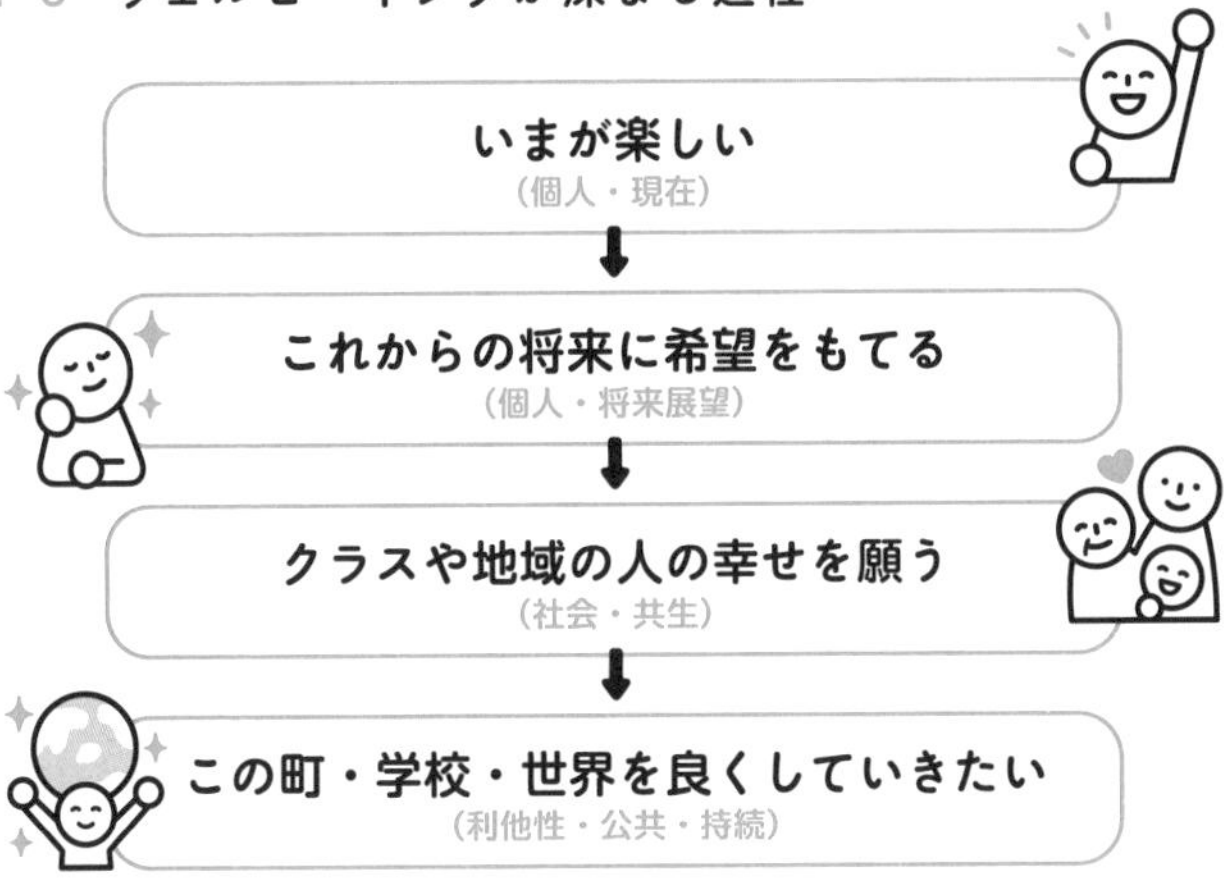
いまが楽しい
(個人・現在)
これからの将来に希望をもてる
(個人・将来展望)
クラスや地域の人の幸せを願う
(社会・共生)
この町・学校・世界を良くしていきたい
(利他性・公共・持続)

に不安がない」といったもの。そこから、将来的にも「自分は幸せに暮らしていると思う」という段階に至ることができます。

このように自己についての充足感が得られると、次に身近な人の幸せを願うようになり、そこから社会全体に目が向き始めるのです。こうして育まれた能力によってウェルビーイングが深まっていくと考えられています。

そして、そのために必要なのが共感力などを含む非認知能力です。つまり、非認知能力はいま社会に求められている能力だといえるのです。

概論

非認知能力を養う家庭環境とは？

福沢諭吉が言及していた家庭教育の大切さ

福沢諭吉は「一家は習慣の学校なり、父母は習慣の教師なり」という言葉を残しています。さらに続けて、学校教育よりも家庭での教育のほうがより有効だと論じました。

福沢諭吉の言うとおり、近年の研究によって子どもの育ちは家庭環境に大きく左右されることがわかっています。当時はまだ、実証的な研究はありませんでしたが、すでに家庭教育における習慣づけの大切さを指摘していたことは、あらためて注目すべきだと思います。

OECDが認めた3つの要素

OECDは、非認知能力（社会情動的スキル）を育む要因に、「直接的投資」「環境的要因」「政策手段」の3つがあるとしています。※1

直接的投資は、文字どおり直接、非認知能力に影響を与える事柄で、環境的要因は環境が間接的に影響を及ぼす事柄を表しています。政策手段は、国の施策などによって影響を与えることのできる事柄です。次ページの図1－6は3つの要素の具体例をまとめたものです。これらのなかに家庭による直接的投資と環境的要因が含まれていることに注目してみましょう。とくに幼児期は、家庭で過ごす時間が長く、脳が急速に発達することから重要な時期だといわれています。

なかでも直接的投資は、非認知能力に大きな影響があると考えられるものです。投資といっても金銭的なものではなく、親子のやり取りといった身近な行動が挙げられています。

※1 ベネッセ教育総合研究所, 2015,『家庭、学校、地域社会における社会情動的スキルの育成 国際的エビデンスのまとめと日本の教育実践・研究に対する示唆』

図1-6　非認知能力を強化する3つの要素

	家庭	学校	地域社会
直接的投資	親子のやり取り 養育スタイル	授業・課外活動 教員のスキルや知識 教育風土 学級風土 実習制度や訓練	ボランティア活動 SNS 友人とのふれあい
環境的要因	家庭の所得 親のメンタルヘルス 家庭でのストレス 親の学校への関与	学校の施設 学校の風土や安全性	公園などの公共サービス 失業率 地域の所得水準
政策手段	育児休業 柔軟な労働形態 保育サービス 家庭への補助金給付	教員の募集や研修	ソーシャルワーカーの研修 文化・スポーツプログラム

具体的には一緒に本を読んだり、ゲームをして遊んだりといった誰でもできることばかりです。しかし、このような普段の行動が、親子の間に強い感情的な結びつきを生み、子どもの社会的スキルや情緒を育むのに役立つとされています。※2

アメリカで実践される教育プログラム

幼児期教育に関するデータは、世界的に研究がなされています。そのひとつに幼児期の子どもたちの成長を継続的に調査したECLS‐Bという研究があります。※3

それによると、家族と一緒に歌ったり、

※2＆3　ベネッセ教育総合研究所, 2015,『家庭、学校、地域社会における社会情動的スキルの育成 国際的エビデンスのまとめと日本の教育実践・研究に対する示唆』

遊んだり、夕食を食べている子どもたちは、感情を理解する能力が高いことがわかっています。

この研究では、感情を理解する能力に加え、共感を示したり、自分をコントロールしたり、仲間や大人と良い関係を築いたりする能力も高まることが示されています。これらの能力は、まさに非認知能力の典型例といえます。

こうした研究が進むなかで、アメリカではいち早く実際の教育現場で非認知能力を伸ばすプログラムが行われています。

たとえば、貧困地区を対象に、スタッフが定期的に家庭を訪問し、親が子どもと一緒に本を読むように促進するプログラムや、親子関係を改善できるように専門トレーナーが母親のもとを訪れるといった取り組みが行われています。

また、親子関係の改善は幼児期以降でも影響があるとも考えられており、シアトルでは犯罪率の高い学校を対象に、子どもと保護者、教員との相互関係を改善するといったプログラムが行われています。

こうしたプログラムは日本でも少しずつ広まっています。今後は広い取り組みとして展開され、より一般的なものになるかもしれません。

＼教えて、ハマノ先生！／

Q

仕事が忙しすぎて子どもと接する時間が取れないのはダメですか？

A

子育ては、量よりも質が大切。ポジティブに接していれば問題ありません。

夫婦共働きが一般的になったいま、父親も母親も育児に参加する養育環境が求められるようになりました。

しかし、実際には育児負担の多くが母親にかかっていることがわかっています。内閣府の調査によると、夫婦がフルタイムで働く家庭では育児時間のおよそ6割、妻がフルタイム以外で働く家庭ではおよそ8割が、妻の負担になっていると報告されてい

※1 株式会社リベルタス・コンサルティング, 2020,『令和元年度 家事等と仕事のバランスに関する調査報告書』内閣府

ます。※1

両親ともにフルタイムで働いている場合、どうしても子どもと接する時間が少なくなる傾向があります。また、先の内閣府の調査では、仕事のある日に育児時間が長くなると、親は生活の満足度が低下し、抑うつや不安の程度が高くなるという結果が出ています。親は仕事が忙しいうえに育児の時間が長くなると、多大なストレスを抱える可能性があるようです。

一方で、**親が仕事に満足感を得ていると、子どもに対して支援的な行動が増え、子どもの対人関係への信頼感が増す**という研究もあります。※2

このように、どんなに忙しくて、育児にあまり時間が取れなくても、親自身が生活に満足感を覚えていれば、子どもへの影響もポジティブなものになる可能性があります。つまり、大切なのは子どもと接している時間の長さではなく、その接し方の質にあるのです。

※2 末盛慶, 2011,「母親の就業特性が子どもに与える影響に関する研究動向と今後の課題―3つの理論仮説と先行研究の検討を通して―」『日本福祉大学社会福祉論集』第124号, 55-70.

概論

良い子育ての基本はポジティブであること

子育ての「良い」「悪い」

子育ての相談を受けると、多くの方は正しい答えを求めます。しかし、まず頭に入れておいていただきたいのは、子育てに「こうすれば子どもの能力が高くなる」といった絶対的な答えはないということです。

子育ては個々の環境によって大きく異なります。親との関係や学校、地域社会や社会状況など、さまざまな要因が複雑に絡み合って、子どもの成長に大きな影響を与えているからです。

一方で、これまでの膨大な研究によって、子育てに「良い・悪い」があることがわかっています。これらの研究に共通しているのは、完全な答えではなく、「良い子育てはどのような特徴があるのか」という視点をもっている点です。

子どもの精神に良い影響を与える「肯定的養育」

イギリスの精神科医ロバート・グッドマンは、1997年にSDQ（子どもの強さと困難さアンケート）という25項目のアンケートを開発。これは、親や教師、子どもがそれぞれアンケートに回答し、子どもの情緒や行動を推しはかるものです。[※1]

SDQは、次のような側面を明らかにするものです。

① 情緒の問題
② 行為の問題
③ 多動／不注意
④ 仲間関係の問題
⑤ 向社会的行動

ご覧のとおりSDQは、5項目のうち4項目が子どもの問題行動を探るアンケート構成になっています。一方、向社会的行動とは、簡単にいうと「相手のことを思いや

※1 日本医療研究開発機構（AMED）障害者対策総合研究開発事業ホームページ『ＳＤＱ』https://ddclinic.jp/SDQ/standardvalueinjapan.html

って、誰かのために行う行動」のことを指します。たとえば、「重いものをもっている人がいたら手伝ってあげる」といった行動です。

この指標は、子どものメンタルヘルス全般をカバーしており、世界各国で学校健診などのスクリーニングテストとしても広く用いられています。

肯定的養育が向社会的行動を促す

このSDQの結果を活用して、日本で開発されたのがPNPS（肯定的・否定的養育行動尺度）です。この尺度は、小学1年生から中学3年生までの7208名を対象にして調査が行われ、家庭での親の接し方が子どもにどのような影響を与えるのかを分析してつくられました。※2

それによると、「肯定的養育」と「否定的養育」が子どもの情緒や行動に影響を与えていることが明らかにされています。それぞれの特徴は図1－7のとおりです。

※2 伊藤大幸ら, 2014,「肯定的・否定的養育行動尺度の開発：因子構造および構成概念妥当性の検証」『発達心理学研究』第25巻, 第3号, 221-231.

図1-7　肯定的養育と否定的教育

肯定的養育		否定的養育	
項目	例	項目	例
関与・見守り	親と子どもがよく話したり、一緒に遊んだりする	過干渉	親が子どもをずっと心配していたり、自分がいないと何もできないと感じている
肯定的応答性	子どもをほめたり、子どもと一緒に喜びを分かち合う	非一貫性	子どもを叱ったりほめたりする基準が気分で左右される
意思の尊重	できるだけ子どもの意思を尊重して、本人による解決を促す	厳しい叱責・体罰	子どもに対して乱暴な言動や長時間説教をしたりする

この研究の要点をまとめると、肯定的養育をしている家庭では、子どもの向社会性が高い一方で、否定的養育をしている家庭では、問題行動（SDQ）のリスクが高いということになります。

つまり、親の肯定的養育が子どもの心と行動に良い影響を与えると考えられます。家庭での教育に絶対的な正解はありませんが、より良い教育の特徴は明らかになりつつあります。上表を参考に日々の子育てを一度振り返ってみるのはいかがでしょうか。

これだけは守っておきたい！
家庭環境チェックリスト

アメリカで開発された家庭環境の質の高さをチェックする
『HOME』という指標があります。
そのなかでも重要と思われる項目をピックアップ。
あなたの家庭環境を客観視し、
チェックがつかなかった項目があれば改善しましょう。

- □ **家事などをしながら、子どもに話しかける**
  ⇒家事や仕事をしている間にも、子どもを気にしている様子が伝わるように接する
- □ **子どもに本を読んだり絵を見せたりする**
  ⇒子どもとのかかわりを深めるだけでなく、新たな世界や知識を深める
- □ **父親も育児に参加している**
  ⇒母親だけとかかわるのではなく、複数の大人とかかわる機会が大切
- □ **子どもの言動にすぐに反応する**
  ⇒親がすぐに反応することで、子どもの情緒的な発達を促す
- □ **子どもに対して否定的な反応をしない**
  ⇒にらみやしかめ面、舌打ちなどの否定的な反応は子どものストレスになる
- □ **子どもの表情や感情を言語化する**
  ⇒「おいしいね」「楽しいね」などと、感情を言語化してコミュニケーションの発達を促す
- □ **子どもに対して笑顔などの豊かな表情を見せる**
  ⇒表情は非言語コミュニケーションの好例。親が豊かな表情を見せることで子どもも表情が豊かになる

□ 毎日少なくとも１回は抱く
⇒乳幼児期はとくにスキンシップが大切。親の愛情を感じやすくなり、愛着の形成が進む

□ 単語ではなく、文章にして話しかける
⇒文章のリズムになじむことで、言葉の構成やニュアンスなどを学べる

□ 親はいらだちや敵対心を見せない
⇒できるだけ否定的な感情が子どもに伝わらないように心がけることで、感情をコントロールすることを学ぶ機会になる

□ 子どもの行為に過度な干渉や禁止をしない
⇒著しく反社会的な行為でない限り、禁止をしない。門限などの生活習慣に関するゆるやかなルールはＯＫ

□ 自分だけの本を１冊以上保有している
⇒親やきょうだいと共有ではなく、自分だけの本をもつ

□ 週１回以上子どもと一緒に買い物に行く
⇒さまざまな刺激と触れさせるために、スーパーなどを活用する

□ 週４回以上散歩や公園などに一緒に行く
⇒人との出会いが多い公園などで、さまざまな交流の機会を設ける

□ 親、教師以外の大人との交流をもつ
⇒親戚や地域活動などで、普段はあまりかかわりがない大人と交流する

□ 家の中が整頓されている
⇒適度に整頓されていて、安全が保たれている。過度な整頓で子どもの自由な遊びを制限しないように注意

□ 保護者が外出するとき、子どもの面倒を見てくれる人がいる
⇒祖父母や児童館など、外出時に子どもを預けられる人が決まっている

□ 保育園や学校の先生と情報共有している
⇒お互いの暮らしのなかでの子どもの生活ぶりを共有できている

参考　安梅勅江, 2004,『子育ち環境と子育て支援—よい長時間保育のみわけかた』勁草書房

概論

年齢によって変わる子どもの発達課題

非認知能力の高低は幼児期に決まらない！

非認知能力が注目されるようになってから「幼児期までに子どもの能力が決まる」といった言葉を目にする機会も増えました。こうした表現によって幼児期を過ぎた子どもをもつ両親は「もう手遅れなのか」と誤解される方も多いのではないでしょうか。

しかし、決してそんなことはありません。たとえ子どもが中学生や高校生だったとしても、非認知能力を伸ばすことは可能です。世界の研究者たちも乳幼児期の教育の重要性を認めつつ、児童期や青年期といった時期になっても非認知能力は成長すると考えています。

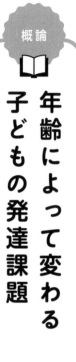

乳幼児期で大切な「基本的信頼感」

乳幼児期の教育の重要性は、エリク・H・エリクソンという有名なアメリカの心理学者が提唱した発達段階論にみることができます。※1

この理論は、人が生まれてから死ぬまでを8つの段階に分けて、それぞれ成長に合わせた課題があり、それと向き合うことで成長を遂げていくという考え方に基づいています。発達段階論では口唇《こうしん》期、筋肉－肛門期などに細かく分けられていますが、一般的には未就学の乳幼児期、おおむね小学校ぐらいの期間を指す児童期、中学生から高校生などの青年期といったように大きく分類されることも多いです。

エリクソンは、乳児期において、最も大きな課題として「基本的信頼感の形成」を挙げています。基本的信頼感とは、子どもが親に感じる情緒的な結びつきを指します。

たとえば、「ママに抱っこしてもらうと安心する」「パパと遊んでいると楽しい」と

※1　エリク・H・エリクソン著・西平直ら訳, 2011,『アイデンティティとライフサイクル』誠信書房

いう子どもの気持ちを想像していただければわかりやすいでしょう。くわしくは次項で解説しますが、この基本的信頼感が非認知能力を育む土台となります。

ここでエリクソンが大人になっても発達課題があるとしているように、非認知能力はいくつになっても成長する余地を残していると考えられます。

大人になっても継続する発達課題

左の図1－8はエリクソンの発達段階論を示した代表的な図です。乳児期において基本的信頼感の形成が課題となっていますが、その時期に課題を乗り越えただけで、その後の児童期や青年期、さらには人生の最終段階でもある円熟期まで基本的信頼感が定着するわけではありません。ほかのマス目が空白になっているのは、課題がどの世代にも継続していることを示しています。

心理学を専門とする溝上慎一の解説によれば、乳児期に深い愛情を受けて基本的信頼を形成できた赤ちゃんが、児童期になって親が離婚したために不信感を抱くことも

図1-8 エリクソンの発達段階論

	1	2	3	4	5	6	7	8
	(乳児期)	(幼児期)		(児童期)	(青年期)	(若年成人期)	(成人期)	(老年期)
円熟期								自己統合
成人期							ジェネラティビティ	
若年成人期						親密		
思春期・青年期					アイデンティティ			
潜在期				勤勉				
移動ー肛門期			自主性					
筋肉ー肛門期		自律						
口唇期	基本的信頼							

あるといいます。このように、発達段階論でいう課題は、周囲の環境や自身の社会的役割などといった要因によって、目まぐるしく変化しているのです。※2

　つまり、乳幼児期において基本的信頼感を形成できていたとしても、その後の人生において、常に基本的信頼感を再構築していく必要があります。

　非認知能力の土台となるのも基本的信頼感だとされているので、「幼児期までに基本的信頼感があるから大丈夫」というわけではないのです。**子どもの成長に合わせて継続的に親子の信頼関係を築くことが大切**といえるでしょう。

※2 溝上慎一ホームページ
http://smizok.net/

概論

脳科学でも実証された「愛着」の役割

乳幼児期に親子関係が育む「愛着」

子どもが基本的信頼感を得るために必要なものが、愛着（アタッチメント）です。他者との結びつきを示すもので、基本的信頼感と似たような意味合いがありますが、厳密にいえば心理学的には別のものとして扱われています。

愛着についての代表的な研究者がイギリスのジョン・ボウルビィです。その研究は「愛着理論」としてまとめられています。※1

ボウルビィは戦争孤児などを対象に、母親を喪失した子どもたちの愛着に着目して愛着が形成される過程や、その心理的な影響について調査・分析をしました。ボウル

※1 中野明德, 2017,「ジョン・ボウルビィの愛着理論― その生成過程と現代的意義 ―」『別府大学大学院紀要』19, 49-67.

ビィはこれらの研究を通して、乳幼児期に親子関係が欠如すると、心身の発達の遅れや欠如につながると指摘しました。

ボウルビィは一貫して母親との関係についてのみ研究していましたが、愛着を形成する過程において父親も重要な役割を果たすことから、いまでは父子関係も愛着理論にあてはめて考えられることもあります。

何より大切なのは、親子が互いの人格を自己の中に取り入れること。そこにはお互いに楽しみと一体感が生まれるとし、ボウルビィも「家庭に勝る場所はない」という表現で家庭の意義を説いています。

愛着形成に「もう遅い」はない！

生後半年ほど経過して母親を認識できるようになった乳児の中に他者を求める接近行動が生まれます。この行動を愛着行動と呼びます。

乳幼児期の赤ちゃんは無条件で母親の愛を求めます。たとえば、母乳が欲しいとき、母親に与えてもらえるという安心感が愛着を形成することにつながります。とくに重要なのは、あくまで無条件で与えるという点です。

両親の無条件の愛による安心感は情緒を安定させ、ありのままの自分に価値があるという自己肯定感を呼び起こします。

自分を肯定し、他者への信頼感が生まれると、他者との適切な付き合いや、安心して仕事などに挑戦できるといった自立への第一歩になります。

こうして形成された愛着は、個人の環境によって異なり、まさに十人十色。その質のちがいによって、非認知能力の発達に影響を及ぼしているのです。

また、愛着行動は成人になってからも活動しつづけ、血縁者や雇用者にも向けられるとされているので、愛着形成に「もう遅い」はないともいえます。

脳科学でも研究される愛着の意義

愛着の意義は脳科学の分野でも研究されています。※2

※2 谷口清, 2016,「アタッチメントの形成と脳―パーソナリティ発達のメカニズムを考える―」『心理科学』第37巻, 第2号, 38-47.

これらの報告によると、愛着は「怖い」「好き」「安心」といった情動を司る大脳辺縁《だいのうへんえん》系と密接に関連しているとされています。
大脳辺縁系は脳の中心部にあり、そのなかでも扁桃体や視床下部系のシステムが重要な役割を果たし、とくに視床下部は体内環境をモニターして自律神経などをコントロールしています。

この大脳辺縁系で喚起された情動が、認知や思考を司る前頭前野に運ばれて、その人の行動を動機づける要因となります。そこで大切になるのが愛着です。
適切な愛着が形成されていると、大脳辺縁系から送られた情動をもとに、よりポジティブな行動を起こす要因になると考えられているのです。

愛着を育むうえで重要なのは、大人から「丁寧なかかわり」を受けること。そのためには、子どもが失敗しても無条件に受け入れるような関係を築くことが大切です。

概論

いま、求められているのは共有型の子育て

4つの養育スタイル

日本では昔から「よそはよそ、うちはうち」というように、それぞれの家庭で、多様な子育てのスタイルがみられます。ただ、そのなかにあっても子育てはいくつかのパターン（スタイル）に分けることができます

子育てのスタイルについての代表的な研究に、アメリカのダイアナ・バウムリンドという心理学者のものがあります。バウムリンドは、子どもの発達のプロセスで重要な役割を果たす親に注目して、「権威主義的な親」「甘い親」「毅然とした親」の3種類に分類しました。※1

※1　佐藤公代, 2004,「養育スタイルに関する比較文化研究」『愛媛大学教育学部紀要』第51巻, 第1号, 41-43.

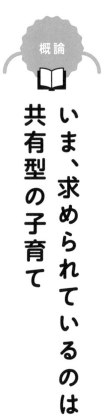

その後、子どもに関心を抱かない「放任的な親」が追加され、これらの親による子育てスタイルは次のように表現することが多くなっています。いずれも子どもの意向や、門限などの親による制限などの関係で説明されます。

①消極型（甘い親）

子どもの意向を中心にし、制限を守らせることに消極的。子どもの自己肯定感は高まるが、さまざまな誘惑に負けやすく、達成力が弱くなる。

②独裁型（権威主義的な親）

子どもの意向や感情には無関心で、有無を言わさず子どもを従わせるスタイル。一見いい子に育つが、大人になって自己肯定感などが低くなりやすい。

③民主型（毅然とした親）

子どもの意向を尊重し、かつリミットを設けてルールを守らせようとする。子どもの感情にも共感して寄り添うスタイル。大人になると社会性にすぐれ、自分の能力にも自信をもちやすい。

④ **放任型（放任的な親）**

衣食住などの最低限なニーズしか満たさず、制限も設けないスタイル。子どもの感情にも無頓着で、将来的に問題行動を起こしやすい。

このなかで最も良い子育てだとされているのが③の「民主型」です。簡単にいえば、親が子どもの生活全般に関心をもって、楽しみや苦しみを親子で共感できる家庭環境が良いと考えられています。

理想的なスタイルは「共有型の子育て」

筆者もこうした子育てスタイルに注目し、心理学者の内田伸子と共同で研究を進めてきました。※2

私たちは子育てにおけるしつけをテーマにして調査・分析を行い、その結果、日本

※2 内田伸子・浜野隆編著, 2012,『世界の子育て格差―子どもの貧困は超えられるか』金子書房

図1-9　共有型しつけと強制型しつけのちがい

共有型しつけ	強制型しつけ
一緒に楽しい時間を過ごす	決まりをつくり、やかましく口を出す
一緒に外出や旅行するのが好き	言いつけどおりにするまで責める
子どもにたびたび話しかける	行儀よくさせるために罰を与える
子どもが喜びそうなことをいつも考える	何事も細かく言い聞かせる

の家庭の子育てスタイルを子どもとのふれあいや会話を大事にする「共有型しつけ」、親が自分を犠牲にして子育てに苦しみを感じている「自己犠牲型しつけ」、子どもが言うことを聞かないときにガミガミと怒る「強制型しつけ」に分類しました。

この3つのうち、理想的なのは「共有型しつけ」です。共有型しつけをしている家庭では、子どもの語彙《ごい》力と社会性が高まる可能性が示唆されています。これはバウムリンドでいうところの「民主型」と、よく似ていることがわかるでしょう。対照的に強制型しつけは、子どもの問題行動につながる可能性が示されました。

これらのことから、子どもに対して支配的になるのではなく、子どものしつけにおいては子どもと対等な関係で、ふれあいを重視する「共有型の子育て」が理想的だと考えられます。

概論

親も子どももほっとできる！家庭を「安全基地」に

居場所の数が多いほど生活満足度が高い

誰もが、ほっとひと息ついて安心できる場所を求めるのではないでしょうか。大人であれば好みの喫茶店やレストラン、職場の近くにある公園など、多かれ少なかれお気に入りの場所があるものだと思います。

しかし、子どもの場合は行動範囲がおおむね学校や家庭に限定されているので、それ以外の場をつくるのが大人よりも難しいといえます。また、学校は公共の場であり、教育の場ですから、子どもたちの安心できる場所は必然的に家庭がメインになります。

つまり、子どもにとって、**いかに過ごしやすい家庭環境を築けるか**が重要になってきます。

図1-10　子ども・若者の居場所の有無

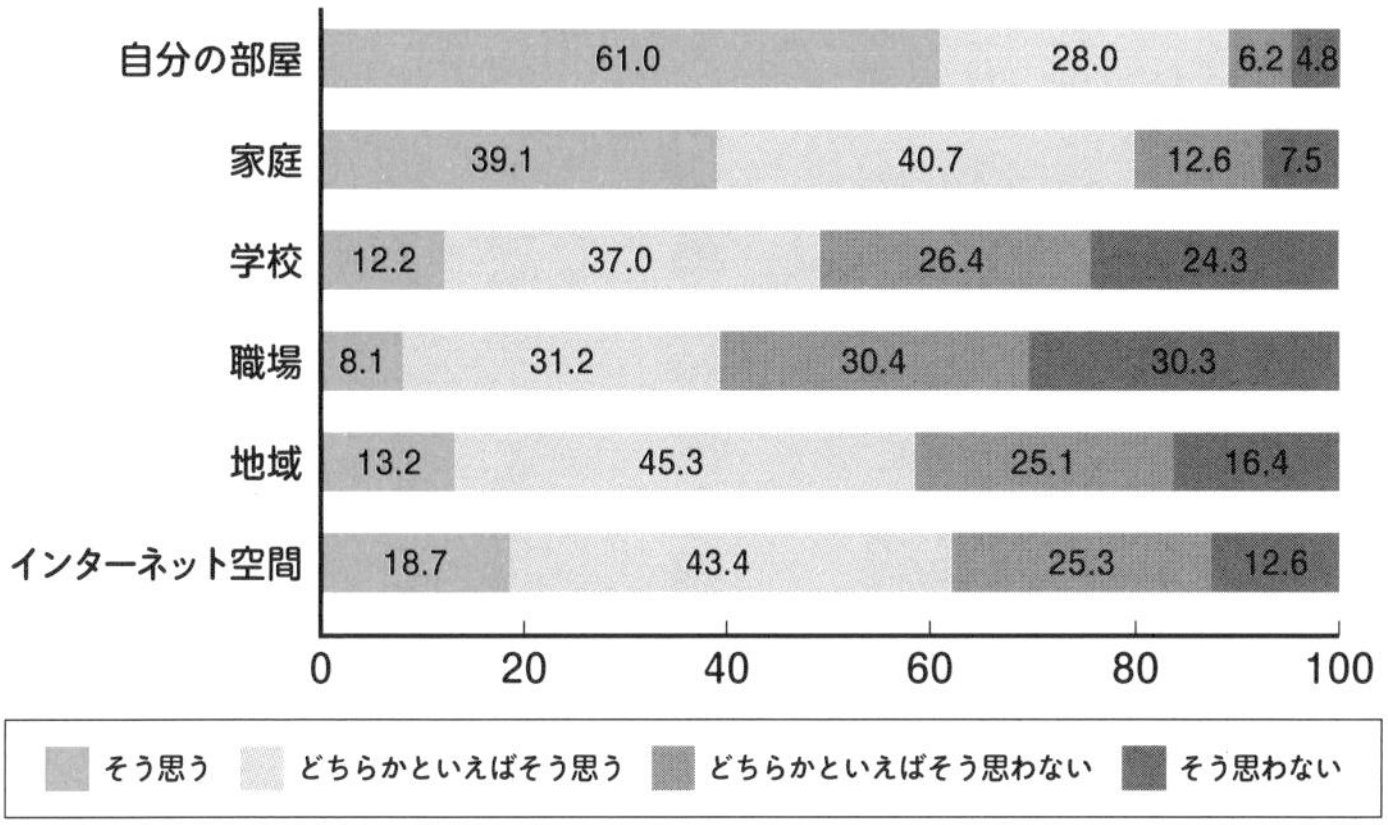
自分の部屋
61.0
28.0
6.2
4.8
家庭
39.1
40.7
12.6
7.5
学校
12.2
37.0
26.4
24.3
職場
8.1
31.2
30.4
30.3
地域
13.2
45.3
25.1
16.4
インターネット空間
18.7
43.4
25.3
12.6
0
20
40
60
80
100
そう思う
どちらかといえばそう思う
どちらかといえばそう思わない
そう思わない

政府も子どもや若者にとっての「居場所」を重視しており、『子供・若者白書』で調査を行っています。※1

このなかで、どんな場所を自分の居場所だと感じているのか、「そう思う」「どちらかといえばそう思う」「どちらかといえばそう思わない」「そう思わない」の4段階で調査を実施。その結果、「自分の部屋」で「そう思う」と回答した割合は61％と高い割合を示しているのに対し、「家庭」で「そう思う」と回答したのは39・1％にとどまりました(図1－10)。

さらに、居場所であると感じている場の数と自分の将来像について、居場所で

※1　内閣府『平成29年版 子供・若者白書』

あると感じている場の数が多くなるにつれて、生活の自立や社会への貢献、対人関係などに前向きな将来像を描く傾向があることがわかっています。

逆に、居場所が少なければ少ないほど、生活満足度が低くなる傾向も明らかにされています。

子どもたちにとって、居場所があるかないかは生活満足度に直結しているものの、家庭が本当に心地いい居場所だと感じてる子は比較的少ないともいえます。

安全基地が育む親子関係の愛着

家庭をいかに安心できる場所にできるか。親にとって非常に大切な課題です。そして、これは大人にとっても同じこと。たとえば、ドラマなどではよく家族に邪魔者扱いされる父親をおもしろおかしく描いていますが、実際にその立場になったと考えたら、いたたまれなくなるのではないでしょうか。

まして小さい子どもは、家庭と幼稚園や小学校の往来しかありません。非常に小さな世界に限定されているので、家庭で安心できないと生活に対する満足感など得られるはずもありません。

そのため、筆者は講演会などで「家庭を安全基地にする」重要性を説いています。心理的な安心感を得られるのはもちろんのこと、家の中が整頓されていたり、過ごしやすさを感じられたりする環境を保つことが大切だと考えているからです。

家庭を安心できる場所にするためには、気持ちを通わせることだけでなく、いつも変わらず応援してくれる人がいるという安心感を子どもに感じてもらうことが大切です。そのような家庭を築くうえで役立つのが共有型の子育てだともいえます。

家庭を安全基地にすることで、子どもが生活にポジティブな感情を抱くだけでなく、親にとってもストレスなく子どもと接しやすい環境になります。そうすれば自然と愛着関係を築きやすく、ひいては非認知能力を伸ばすことにもつながるのです。

概論

教育＝共育!? 親子が育ち合う関係を築こう

親子関係は変えられる！

最近は「子育ては大変だ」という認識が広まっているように思います。実際にさまざまな苦労も伴いますが、子育てというのは楽しい面もたくさんあります。

子どもと一緒に過ごす時間や場所は、そのどれもが貴重な思い出になりますし、子どもの笑顔は親にとって活力にもなります。

そこで、Ｐａｒｔ１の最後として、子育ての基本的な姿勢について、再度確認していきたいと思います。

まず、もう親子関係は変わらないと考えるのは早計です。子育てを親や子どもの性格や気質が影響するもので、一度構築された親子関係は決して変わらないものだと考えている人もいるかもしれません。

その考え方はいったん忘れてください。性格の問題だと割り切らず、「子どもと、どのようにかかわっていくか」に向き合うことが大切です。

命令をやめて、待ちの姿勢を貫く

そもそも子育てのスタイルは、親が自覚することで変えることができます。一気に変えられなくても、少しずつ共有型の子育てにシフトしていけばいいのです。

子どもと対等といっても、どうすればいいかわからないという人は、まず命令口調をやめてみましょう。そして、子どもの話に耳を傾けて、物事を一緒に考えてみるだけでも、共有型の子育てへの第一歩になります。

また、子どもが意見を口にするまで急がずに待つという姿勢も大切です。たとえば、子どもが学校でケンカをしてきたとしましょう。そのとき、頭ごなしにケンカの事実を叱責するのではなく、「何があったの?」と投げかけます。

すぐ状況を話してくれればいいですが、プライベートで繊細な問題が絡んでいる場合もあるので、なかなか理由を話してくれないこともあります。

そんなときはしつこく問いただすのではなく、少し間をおいて、一緒にお風呂に入っているときにもう一度聞いてみるなど、話してくれるまで待つ姿勢を貫くことが大事です。

決して忘れてはならないのは、子どもの安心感です。家庭では緊張やストレスを与えるのではなく、なるべく子どもがリラックスできる環境を整えてください。最初は難しく考えず、親もリラックスできる環境にするといいかもしれません。親がストレスなく過ごすことが、子どものストレスを軽減する一助になるからです。

「教え育てる」と書く教育は、ともに育ち合う「共育」でもあります。子どもとふれあい、ともに楽しみながら生きていける子育てスタイルを模索しましょう。

図1-11　非認知能力を伸ばす「子育て10ヵ条」

第 1 条	親子の間に対等な人間関係をつくること
第 2 条	親は子どもの安全基地になること
第 3 条	子どもに「勝ち負けの言葉」を使わない
第 4 条	子どもの言葉や行動を共感的に受けとめ、受け入れる
第 5 条	ほかの子どもと比べず、 その子自身が以前より進歩したときに承認し、ほめる
第 6 条	裁判官のように禁止や命令ではなく、 「〜したら？」と提案のかたちで「対案」を述べる
第 7 条	教師のように完璧な・詳細な・隙のない、 説明や定義を述べ立てない
第 8 条	子ども自身に考える余地を残す働きかけをすること
第 9 条	親は「待つ」「見極める」「急がない」「急がせない」で 子どもがつまずいたときに支え、足場をかけ、 子どもが一歩踏み出せるように、わきから助けてあげる
第 10 条	子どもとともに暮らす幸せを味わおう

出典：内田伸子・浜野隆編著, 2012,『世界の子育て格差―子どもの貧困は超えられるか』金子書房

＼教えて、ハマノ先生！／

Q 甘いしつけと厳しいしつけの境界線がわかりません

A ポイントは子どもの話を聞くこと。親が一方的に決めずに二人で決めていきましょう。

親にとって、どの程度しつけを厳しくしたらいいのかという問題は非常に悩ましいですよね。

少し例を挙げてみましょう。おもちゃが欲しくて子どもがダダをこねているとき、「そんなこといってたら置いてくよ！」というか「しょうがない。今度買ってあげるから」というか、どちらが正解でしょうか？

答えは、前者が厳しいしつけで、後者は甘いしつけになります。その中間にあたるのは「どうしてこれがほしいの？」と、まずは**子どもがなぜそれほどまでにほしいのか気持ちを確認する姿勢**です。

そして、子どもの話をよく聞いたうえで、買えないのであれば買えない理由を説明して理解してもらいましょう。つまり、一方的に親が決めるのではなく、子どもと同じ目線で話し合うことが大切なのです。※1

※1 高木真理子, 2014,「幼児期の親の関わりと子どもの行動―親アンケートによる探索的予備調査―」『越谷保育専門学校研究紀要』第3号, 24-31.

Part 2

自立した大人に
育てるために
親がやってはいけないこと

子どもの成長に大きな影響を及ぼすのが、親の養育スタイルです。何でも禁止したり、子どもの短所を責めたりする否定的な態度でいると、脳にダメージを与え、問題行動の原因になるともされています。

子育ての最終目標は、学力を伸ばすことだけではなく、将来的に豊かな人生を送れるようにすることです。学力は幸せをつくるためのひとつのスキルにすぎません。

本章では、「親がやってはいけないこと」に焦点を当て、筆者に寄せられた相談事例などを挙げながら、どのように対応すべきか考えていきます。

Part 2

Chapter 1

最先端の研究で
わかった
子育ての新常識

概論

子どもの自立を促す「やる気」カギを握るのはマインドセット

「やればできる」の科学

誰かに「やればできる！」と励まされた経験はありませんか？　そのとき、皆さんはどう受け取るでしょうか。

ある人は「よし！　自分を信じてやってみよう！」とやる気になって、すぐ行動に移すかもしれません。逆に、「そんなこと言われたって、できないものはできない」とネガティブに考え、やる気どころか絶望感すら覚える人もいるでしょう。

このように**「やればできる」の捉え方は、人によってさまざま**です。しかし、この考え方を人それぞれだからといってそのまま放置してしまうと、後者の考え方をもっている人は、いつまで経ってもやる気が湧かず、停滞したままになってしまいます。

やる気を左右するマインドセット

この「やればできる」を科学的に解明したのが、アメリカの心理学者キャロル・ドゥエックです。彼女は小学校5年生を対象に、やや難しい学習課題を出して、うまくできなかった子どもたちのなかに、すぐあきらめてしまうタイプと試行錯誤を重ねて取り組み続ける意欲的なタイプの2種類を発見しました。[※1]

この二つのタイプは自分の能力に対照的な印象を抱いていました。すぐあきらめてしまうタイプの52%が「自分が賢くないからである」と回答したのに対し、取り組み続けるタイプは「自分の努力が足りなかったため」と回答した子どもが23・7%で最多となり、「自分が賢くないから」と答えた子どもは一人もいませんでした。

こうした実験結果から、人間のやる気は、自分の能力に対してどのように考えてい

※1 川西諭・田村輝之, 2019,「グリット研究とマインドセット研究の行動経済学的な含意 ―労働生産性向上の議論への新しい視点―」『行動経済学』第12巻, 87-104.

るかによって左右されると考え、ドゥエックは意欲的なタイプを「グロース（成長）マインドセット」、すぐあきらめてしまうタイプを「フィックスト（固定的）マインドセット」に分類しました。

マインドセットとは、認知や思考のあり方を指す言葉で、物事をどのように捉えるかの基準を司っています。やる気は、個人のマインドセットのちがいによって、起きやすいか起きにくいかの差が生じやすいのです。

グロースマインドセットを強化する方法

ドゥエックはその後の一連の研究のなかで、「能力は伸ばすことができる」と考えるマインドセットが、学校成績などにもプラスの影響を与えることを明らかにしています。[※2]

これらの研究で明らかになったマインドセットは非認知能力（社会情動的スキル）の一種であり、子どもたちに働きかけることによって強化したり変えたりできると考えられています。

※2　川西諭・田村輝之，2019，「グリット研究とマインドセット研究の行動経済学的な含意 ―労働生産性向上の議論への新しい視点―」『行動経済学』第12巻，87-104.

図2-1 マインドセットを強化するアプローチ

グロースマインドセット

特徴
- 自分の能力は伸びるものだと信じている
- 今できないものも
できるようになると考える
- 難しい課題に対して意欲的
- 失敗したら勉強しようとする

強化するアプローチ
- 挑戦を奨励する
- 学習を促す
- 結果ではなくプロセスを称賛する

フィックストマインドセット

特徴
- 自分の能力は固定的だと考えている
- 今できないことはできないと思い込む
- 解ける問題ばかりを好む
- 失敗したら意欲が低下する

強化するアプローチ
- 成功だけを称賛する
- 失敗をとがめる
- 結果を他人と比較する

ドゥエックの研究によれば、グロースマインドセットは「挑戦が奨励される」「結果によらずプロセスが称賛される」などの要因によって強化されるとしています。逆に、フィックストマインドセットは「成功だけが称賛される」「失敗すると、とがめられる」といった要因で強まるとされています。

やる気は、子どもたちが自主的に学び、自立していくうえでの大きな原動力となります。

つまり、どうやってグロースマインドセットを身につけさせていくかが、子どもの将来を占うポイントになるのです。

概論

否定的養育がもたらす子どもの問題行動とは？

まずは「悪い」養育を知る

親がどう接すれば、子どもが前向きなマインドセットを身につけられるのでしょうか。それを考えるうえで、まずは**「親がやってはいけないこと」**を整理することが役立ちます。良い・悪いを判断するために、先に「悪い」ことを知ることは「良い」を知る第一歩にもなるからです。

さて、非認知能力において悪影響を及ぼす要因として、40ページでは否定的養育を挙げました。

否定的養育とは、子どもの問題行動につながりやすい親の養育態度を示すものです。

本項では、この否定的養育について、くわしく解説していきます。

干渉のしすぎが子どもに悪影響を及ぼす

否定的養育には親の「過干渉」「非一貫性」「厳しい叱責」などが挙げられますが、これをもとにしたさまざまな研究が行われています。

たとえば、発達心理学者の菅原ますみは、子どもが生まれてから11年間にわたる長期の研究を行いました。[※1]

その結果によれば、母親があたたかい子育てをしている家庭では、子どもの問題行動が少なく、母親が子どもに過干渉だと問題行動が多くなる傾向が示されています。

ここでいうあたたかい子育てとは、「あたたかく優しい声で話しかけている」などの行動を指し、逆に過干渉は「この子がしようとすることすべてにわたってコントロールしてしまう」などの行動が挙げられます。

※1 菅原ますみら, 1999,「子どもの問題行動の発達：Externalizingな問題傾向に関する生後11年間の縦断研究から」『発達心理学研究』第10巻, 第1号, 32-45.

また、この研究は、父親の良好な養育態度や、母親の父親に対する信頼感や愛情によって子どもの問題行動が軽減される可能性を指摘しています。そのほか、海外の研究でも母親だけでなく、父親の養育態度が子どもの問題行動に関連があるといわれています。

このように、養育スタイルには、親の子どもに対する直接的な養育態度のほかにも、両親の関係性なども重要な要素として含まれているのです。

親が自分の行動を見つめ直す

では、否定的養育は子どもにどのような影響を及ぼすのでしょうか。

先に挙げたような数多くの研究をまとめてみると、**養育態度のちがいによって子どもが起こしやすい問題行動も異なる傾向**があることが明らかにされています。

図2-2 子どもの問題行動と関連の強い「否定的養育」

- テストの点が悪かったらすぐに説教する
- 子どもの意思を無視して習い事などをさせている
- 親がいないと子どもは何もできないと感じる
- 子どもを叱る基準がない
- イライラすると子どもに八つ当たりする
- 子どもが言うことを聞かないと怒ってしまう
- 小さなことでもやかましく説教する

たとえば、一見子どもを大切にしているように見える過保護な母親の場合、その子どもは内面的には自分に自信がもてず、必要以上に相手や環境に合わせようとする（過剰適応）傾向があるとされています。※2

逆に、親が子どもに無関心だったり、愛情が不足していたりすると子どもが攻撃的な行動をとりやすくなるとされています。※3

こうした子どもたちは、親の否定的養育のため、適切な愛着関係を築くことができずに問題を抱えていると考えられます。自身に当てはまることがないかどうか、上図を参考に親が自分を見つめ直すことが大切です。

※2 任玉洁・林雅子, 2020,「親の養育態度が大学生の過剰適応に及ぼす影響―性差の視点から」『パーソナリティ研究』29, 23-26.

※3 Hiramuraほか,2014,Understanding externalizing behavior from children's personality and parenting characteristics. Psychiatry Research, 175(1-2), 142-147.

概論

できること・できないこと その間にある領域が成長のカギ

大人が補助するタイミング

どのようなときに子どもの成長を感じるか、その瞬間は人それぞれだと思いますが、多くの場合**「できなかったことができたようになったとき」**に感じるのではないでしょうか。

たとえば、自転車を乗れるようになるためには、最初に補助輪をつけたまま慣れさせることが多いと思います。しかし、いずれは補助輪を外さなくてはなりません。そのタイミングを見極めるのは、たいていの場合、子どもではなく親です。

そして、補助輪を外したあと、親が自転車の後部を支えながら、子どもは少しずつ自転車に乗るための運動を覚え、最終的に親が手を離したときに子どもは初めて一人で自転車に乗ることができるようになります。

このとき、親が最も注意しなければならないのは「補助輪や手を離すタイミング」の見極めです。自転車の場合は感覚的なところも大きいでしょうが、**子どもがどこまでできて、何ができないのかを把握することが、子どもの成長には大切**なのです。

このように、子どもが一人でできることと、まだ自分ではできないことの間にある「一人ではできないけど外部の助けがあればできる領域」のことを、**「発達の最近接領域」**と呼びます。

この考え方を提唱した心理学者のヴィゴツキーによれば、子どもの能力がこの領域にあるときに、大人が援助や働きかけをすることで、発達が促進されるとしています。[※1]

※1 ヴィゴツキー著・土井捷三訳, 2003,『「発達の最近接領域」の理論―教授・学習過程における子どもの発達』三学出版

親が大切にしたい「観察」の方法

親のかかわり方として大切なのは**「観察」**と**「足場かけ」**の意識です。このうち、「足場かけ」については次項で詳述します。

観察とは「物事の状態や変化を客観的に注意深く見ること」です。この「物事」を「子ども」に置き換えて、子どもの表情や様子がどんなときにどう変化するかを日ごろからよく見てみてください。

言うまでもなく、観察の大きな目的は、子どもの「できている部分」と「できていない部分」を見極めることです。

わかりやすい例は、**宿題などといった家庭学習の取り組み**です。近年、子ども部屋ではなく、親の目の届くところで勉強する「リビング学習」が注目されていますが、その大きなメリットは親が子どもと一緒に勉強に取り組める点です。

その際、親はとやかく口を出さず、子どもがつまずいたときに気づくことが大切です。うーんと悩んでいたり、筆が止まったりしたとき、少し間を置いて「このへんま

図 2-3 足場かけのイメージ

※子どもが困難を乗り越えられるよう
手助けする（＝足場をかける）
ことも大切。
簡単すぎー！
低い
登れないよー
高い
足場はギリギリ
登れるぐらいに
設定しよう
これなら
登れそう
適切

ではわかったかな？」などと聞いてみてください。

ポイントは、**子どもが悩みはじめてもすぐに声をかけないこと**。あくまで自分で考えている間は、ゆっくりと見守ってあげてください。ここで親が焦って、先に教えてしまうと、子どもの深い思考が妨げられてしまうからです。

こうした観察は子どもだけでなく、**テストや作品**などを見るときも大切です。これらは子どもが何ができて何ができないのかを見極める客観的な指標になります。できる限り毎回テストの答案を見せてもらって、子どもと一緒に課題を探ってから、教えてあげることが大切です。

概論

ヒントを与えて成長を促す「足場かけ」理論

子どもだけでは解決できない課題への対処法

ヴィゴツキーの「発達の最近接領域」理論は、発表されて以降、多くの研究が行われ、教育現場で活用されるようになりました。

アメリカの心理学者ジェローム・ブルーナーが提唱した「足場かけ」理論は、その代表例です。「スキャフォールディング」とも呼ばれる理論で、おもに**子どもの学習や問題の解決を促すために、周囲の大人や教師がサポートすること**を指します。[※1]

たとえば、子どもが算数の問題でつまずいて、どうしても解決できなかったとしま

※1 下井俊典, 2019,「scaffoldingの概念および背景理論の紹介と再分類の試み」『国際医療福祉大学学会誌』第24巻, 2号, 50-60.

しょう。親はできるだけ子どもが自分で考えて、困難を乗り越えるように見守ることが大切ではありますが、いっこうに理解できず、先に進めないようなとき、周囲の大人が足場をかけて、解決できるように促してあげることも大切です。これが「足場かけ」なのです。あくまでも周囲が与えるのは「足場」で、それに足をかけて登るのは子ども自身であるということは忘れないでください。

足場をかけるとき、まず子どもに対して、**「大丈夫だよ」などの声がけをして、安心できる状態を確保**してください。誰でも課題をクリアできないときは不安になるもの。心理的なプレッシャーを取り除いてあげましょう。

そのうえで、解けない問題と似たような問題を子どもに見せながら親が解いてみたり、教科書を一緒に見直してみたりして、子どもにヒントを与えましょう。その際、何がわからないのか子どもが訴えているときは、その言葉にしっかり耳を傾けて、その疑問を解決に導くことも大切です。前項で触れた**「観察」を実践して、子どもがどうしてもわからないときは「足場かけ」をしてあげる**といいでしょう。

概論

なぜ、子どもをほめる？その目的と方法を覚えよう

ほめるだけでは効果が薄い

子どもをほめて育てることの有効性は、皆さんも聞いたことがあるでしょう。ほめることは子どもたちのやる気にもつながり、多くのメリットをもたらします。

しかし、使い方を間違えると、子どもの意欲をそぐことにもなることはあまり知られていません。**「何でもほめる」のは逆効果になる**こともあるのです。

少し考えてみてください。いつも同じように「えらかったね！」とか「すごい！」と子どもをほめる大人がいたとしましょう。あまりに頻繁にほめられていると、子どもは「この人は何をしてもほめてくれる」という認識になり、ほめ言葉が子どもに響か

なくなってしまいます。

この場合、どんなにほめても、子どもの意欲などに与える影響やメリットは限定的になってしまう可能性があるのです。

ほめる目的は好ましい行動を強化すること

そもそも「ほめる」という行為が何を目的としているか、改めて考え直す必要があります。

とくに子育てにおいて、ほめることは**「前に行った動作・行動をより積極的に行うよう強化」**するという意味合いを強くもっています。

たとえば、前を歩いていた人がハンカチを落としたとしましょう。その後、子どもが拾って声をかけることができたら、親からは自然と「えらいね！」という言葉が出ることでしょう。

このとき、親はなぜほめたのか。それは、この行動が社会的に望ましい行動であり、子どもに今後も同じような行動をしてほしいからです。

小児発達学を専門とする和久田学は、ある特定の行動を伸ばすことを「強化」、逆に減らすことを「弱化」としてほめ方を論じています。そのうえで好ましい行動を強化するほめ方には、4つの技術が必要だと説明しました。※1

●即時性

対象となる**行動のあとにすぐほめる**ことを指します。いくらほめたとしても時間が経ってからでは、効果が薄くなります。子どもが強化したい行動をしたら、すぐにほめることが肝心です。

●明示性

子どもに、きちんとほめていることが伝わるようにほめます。たとえほめていても子どもが聞いていなかったり、親がぶっきらぼうにほめていたりしては意味がありません。子どもが**「ほめられている」**と**感じるような伝え方**が重要です。

●具体性

※1 和久田学, 2020,『科学的に考える子育て エビデンスに基づく10の真実』緑書房

図2-4　ほめ方のテクニック

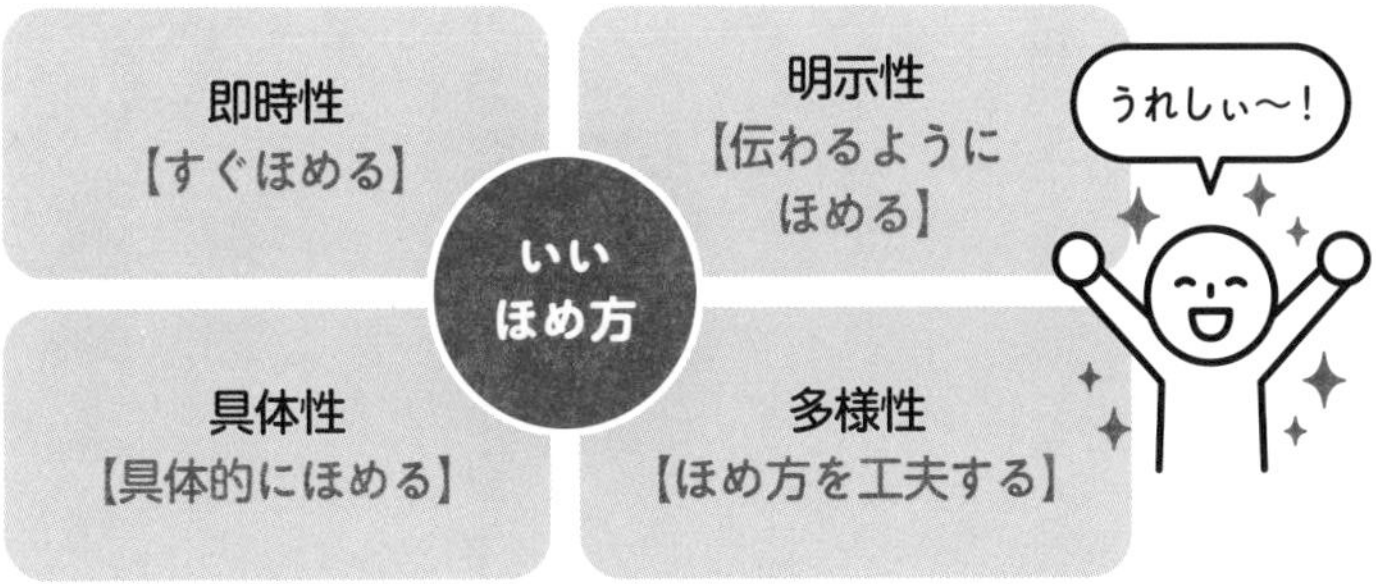
即時性
【すぐほめる】
明示性
【伝わるようにほめる】
いいほめ方
具体性
【具体的にほめる】
多様性
【ほめ方を工夫する】
うれしぃ〜！

より子どもの**行動を具体化してほめる**ことが大切です。たとえば、弟の面倒を見ていたことをほめるなら、「弟と一緒に仲良くできてえらかったね」というように、どんな行動が良かったのかをわかりやすく伝えましょう。

●多様性

先にも述べたように、いつも同じ言葉などでほめていると、子どもはほめられることに慣れてしまいます。たとえば、祖父母がいる前でほめるなどシチュエーションを変えるだけでも構いません。**ほめ方にも変化をつける**といいでしょう。

子どもの意欲を効果的に上げられるよう、**ほめ方にも目的意識をもつ**ようにしましょう。

概論

言葉よりも気持ちが大事！非言語コミュニケーションの活用

コミュニケーションは言葉だけではない

言葉は、人と人とのコミュニケーションにおいて、最もシンプルな伝達方法です。よく「言わなきゃわからない」などともいわれますが、科学的な研究では、むしろ**「言葉だけじゃ伝わらない」**ということがわかっています。

仮に親が子どもをほめていたとしましょう。そのとき、親が子どもの目を見て喜んでいる仕草をしているのと、スマホを見ながらほめ言葉だけを口にしているのとでは子どもへの伝わり方がちがうのは明らかでしょう。

少し極端な例を用いましたが、コミュニケーションにおいて、実は**言語よりも表情**

や態度などのほうが、相手に伝わりやすいのです。

こうした態度や表情、しぐさなどによるコミュニケーションのことを、**「非言語コミュニケーション」**といいます。

表情と声が伝達の93%を占める!?

アメリカの心理学者アルバート・メラビアンは、対面コミュニケーションを「表情」「声のトーン」「言葉」という3つの要素に分けて、研究しました。

たとえば、「君は悪くなんかないよ」と言っているのに、声のトーンを沈ませ、表情は目線を合わせないといった矛盾的な態度を取ったとき、人にどう伝わるのかを検証しました。※1

その結果、言葉を受けた人のメッセージ伝達に占める割合は、「表情」が55%、「言語」が7%、「声のトーン」が38%だったとしています。

つまり、言語以外の要素である**「表情」と「声のトーン」が93%を占めていた**ことに

※1 中野はるみ, 2008,「非言語コミュニケーションと周辺言語」『長崎国際大学論叢』第8巻, 45-57.

なります。こうした実験結果から、コミュニケーションにおいて言葉で伝わることは意外にも少ないと考えられるようになりました。

この法則は研究者の名前をとって「メラビアンの法則」と呼ばれ、心理学や教育学では広く受け入れられています。

コミュニケーションで伝わるのは気持ち

アメリカの心理学者ポール・エクマンらは人間の非言語コミュニケーションは5つに分類されるとしています（図2－5）。

図にある通り、人間は普段何気に多くの非言語コミュニケーションを取っていることがわかります。こうしたコミュニケーションは、自然と身につくものでもあるし、無意識に態度に出てしまうものでもあります。

つまり、言葉では制御できていても、態度や仕草によって怒りや失望などが伝わっ

図2-5　非言語コミュニケーションの分類

表象動作	いわゆる無音のサインのこと。言葉が通じる者同士や身内、グループ内、同文化圏内でしか通じないサインなど
例示動作	賛成のときにうなずいたり、反対のときには首を横に振ったりなどの身ぶりや絵や字など
感情表出動作	顔の表情をはじめとした個人の情緒的な反応のこと
言語調整動作	うなずいたり、目配せしたり、相づちを打つなど発話を促したり遅らせたりする調整や動作のこと
適応動作	さまざまな課題遂行のために人が行う動作すべてを指す

てしまうことがあるのです。

どんなに言葉ではほめていても、それが心からの表現ではなかった場合、受け取った相手は敏感に察知します。本音はなかなか隠せないものなのです。

逆に言葉では伝えにくいときには、**非言語コミュニケーションを活用することで伝えられる**こともあります。その典型例がSNSなどに見られる絵文字やスタンプ。図でいえば「例示動作」にあたり、感情や気持ちをほかのもので例えて伝える方法です。

コミュニケーションで大切なのは、**言葉だけではなく、気持ちを伝えること**なのです。

概論

親が感情をコントロールするセルフ・コンパッションの大切さ

子育ては「いい加減」がいい

ここで、ひとつ質問です。子どもに生じた結果はすべて親の責任でしょうか。
日本では、子どもが悪いことをすると「親の顔が見てみたい」という人もいるほど、子どもに生じた事柄の責任は親にあるという考え方が根深く残っています。そのため、親は子育てにおいて「いい子に育てなくてはいけない」というプレッシャーが強く、なかには精神的に追い詰められる人も少なくありません。

しかし、子育てにおけるプレッシャーによって親が精神的に不安定になってしまうと子どもにとっては逆効果です。その精神的不安定さが、感情の浮き沈みを激しくしてしまったり、子どもにつらく当たってしまったりする原因にもなるからです。

子育てで大切なのは、**親が精神的に安定していること**。そのためには、まず自分にやさしく接してみましょう。アメリカの心理学者・クリスティーン・ネフは、自分自身を負の側面も含めて〝あるがまま〟に受け入れて自分をいたわることを**「セルフ・コンパッション」**と呼びました。※1

セルフ・コンパッションが高い人は、自分にとって困難な状況で自分にやさしい気持ちを向け、そのときの経験について「良い・悪い」で判断することなく、そのような経験が他の人とたちと共通していると認識します。

一方、セルフ・コンパッションが低い人は「こうありたい」「こうあるべき」という厳格な自己像を描いてしまい、その理想とかけ離れると、精神的に不安定になってしまう傾向があります。

自分にやさしく接しながら、いい意味で「いい加減（良い加減）」に子育てを考えると気持ちも楽になります。次項からは親が精神を安定させる方法を二つ紹介します。

※1 有光興記, 2014,「セルフ・コンパッション尺度日本語版の作成と信頼性，妥当性の検討」『心理学研究』第85巻，第1号，50-59.

概論

感情コントロール法その1 アンガーマネジメント

自分の怒りを客観的に受け止める

感情のなかでも、子育てにおいて非常に厄介な存在が「怒り」です。子育てをしていると、子どもがいうことを聞かなかったり、あらかじめ決めていたルールを破ってしまったりしたときなど、ついつい怒りが爆発してしまうことがあります。

ベネッセ教育総合研究所のアンケート調査によると、親が子どもに対してやってしまった言動のうち、「言い方が良くなかった」「感情的になりすぎた」「叱りすぎた」などの項目が多くなっていることがわかります[※1]（図2－6）。

とはいえ、怒りは誰にでも備わっている基本的な感情であるため、完全になくすこ

※1 ベネッセ教育総合研究所「8割以上の保護者は叱りすぎてしまったことを後悔している！」 https://benesse.jp/kyouiku/201111/20111110-2.html

図2-6 感情的になりすぎて後悔した経験がある人の割合

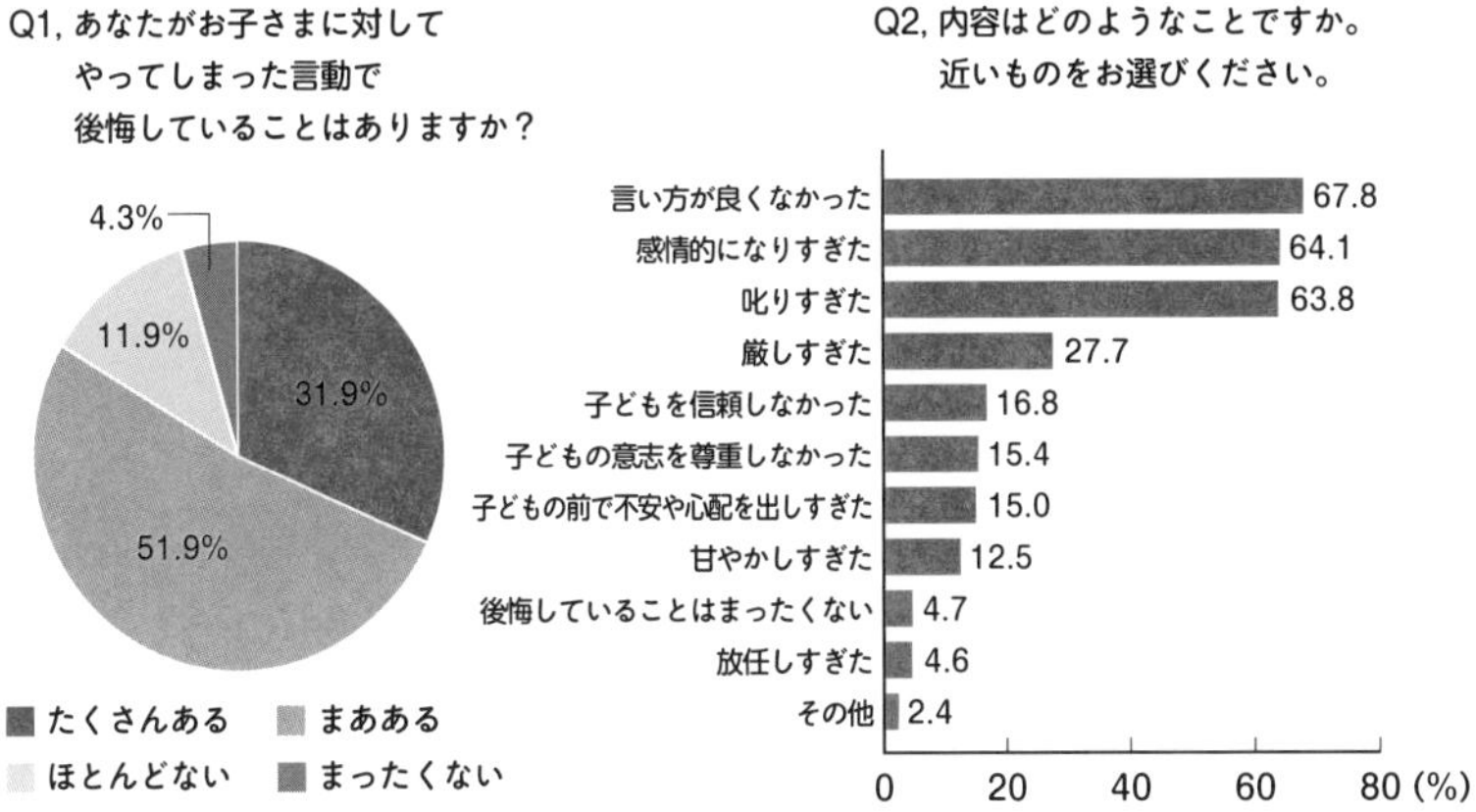
Q1, あなたがお子さまに対して
やってしまった言動で
後悔していることはありますか？
4.3%
11.9%
31.9%
51.9%
たくさんある
まあある
ほとんどない
まったくない
Q2, 内容はどのようなことですか。
近いものをお選びください。
言い方が良くなかった 67.8
感情的になりすぎた 64.1
叱りすぎた 63.8
厳しすぎた 27.7
子どもを信頼しなかった 16.8
子どもの意志を尊重しなかった 15.4
子どもの前で不安や心配を出しすぎた 15.0
甘やかしすぎた 12.5
後悔していることはまったくない 4.7
放任しすぎた 4.6
その他 2.4
0
20
40
60
80 (%)

とはできません。そこで、ぜひ試してほしいのが**「アンガーマネジメント」**です。

アンガーマネジメントは、現在も方法や効果について研究が進められていますが、まずは簡単にできるものとして、次の二つを実践してみましょう。

① 怒りを感じたら6秒間だけ我慢する

② 怒った場面などをノートにとって記録する

6秒間数を数えながら我慢すると、少しだけ気持ちを落ち着かせられるといいます。また、ノートに記しておいて、客観的に自分の怒りを見つめ直す機会を設けるといいでしょう。たったこれだけのことでも、効果は抜群です。

概論

感情コントロール法その2 マインドフルネス

エビデンスで裏付けられた心理療法

感情を落ち着かせるために、**マインドフルネス**という瞑想法が役に立つことがあります。なお、マインドフルネスとは「今ここ」に心が向けられた状態のことです。

脳科学者の熊野宏明によれば、一般の方が実践するためには次のような手順で行うといいとされています。※1

①背筋を伸ばして座る。目は軽く閉じるか、薄く開けて斜め前を見る。

②息を吸ったときに、腹部や胸が膨らむのを感じ、心の中で「膨らみ、膨らみ」と実況する。呼吸はコントロールせず、そのとき一番したいように呼吸する。

③息を吐いたとき、腹部や胸が縮むのを感じ、心の中で「縮み、縮み」と実況する。

※1『「マインドフルネス」とは？めい想の方法・効果と「呼吸のめい想」のやり方』
https://www.nhk.or.jp/kenko/atc_699.html

マインドフルネスは、**過去や未来のことを考えずに〝今〟だけに意識を集中させる**こと、自分の思考や感情に評価を下さず、そこにあるがままにしてあげることが大切です。そうすることで、さまざまな雑念から解放され、心が穏やかになってストレスを感じづらくなるのです。すると、親の感情が安定するだけでなく、「子どもの話によく耳を傾けて聞くことができるようになる」「子どもの言動や性格への理解が深まる」などの効果が出てくることがわかっています。※2

こうしたマインドフルネスの手法を、さらに発展させた**ACT（アクセプタンス&コミットメント・セラピー）**というアプローチも登場しています。

ACTは、自分の心のなかにネガティブな感情が湧いてきても、感情と自分を一体化させるのではなく、感情と距離を取るという考え方を基本にしています。ネガティブな感情でも否定せずに、そのまま自分の心を広くして置き場所をつくってあげましょう。そうやって「受容（アクセプタンス）」することができれば感情のとらわれから解放され、行動（コミットメント）に移ることができます。※3

※2 山口創, 2017,『子育てに効くマインドフルネス 親が変わり、子どもも変わる』光文社

※3 ラス・ハリス, 2015,『幸福になりたいなら幸福になろうとしてはいけない-マインドフルネスから生まれた心理療法ACT入門』筑摩書房

概論

絶対にやってはいけない「マルトリ」とは？

何気なくやってしまう軽度の虐待

子育てにおいて絶対にやってはいけないことが虐待です。虐待というと、事件性の高い非常に重たいものを思い浮かべてしまいがちですが、その程度によって軽度なものから重度なものまで差があります。もしかしたら、普段何気なくやってしまっていることもあるかもしれません。

セーブ・ザ・チルドレン・ジャパンの調査によると、「過去3ヵ月にしつけのためにやってしまったこと」として、「怒鳴りつける」や「にらみつける」といった虐待行動を**約半数近くの親が行っているる**ことがわかっています（図2－7）。※1

※1 セーブ・ザ・チルドレン・ジャパン, 2021,『子どもに対するしつけのための体罰等の意識・実態調査結果報告書 子どもの体やこころを傷つける罰のない社会を目指して』

図2-7　しつけのためにやってしまった行為

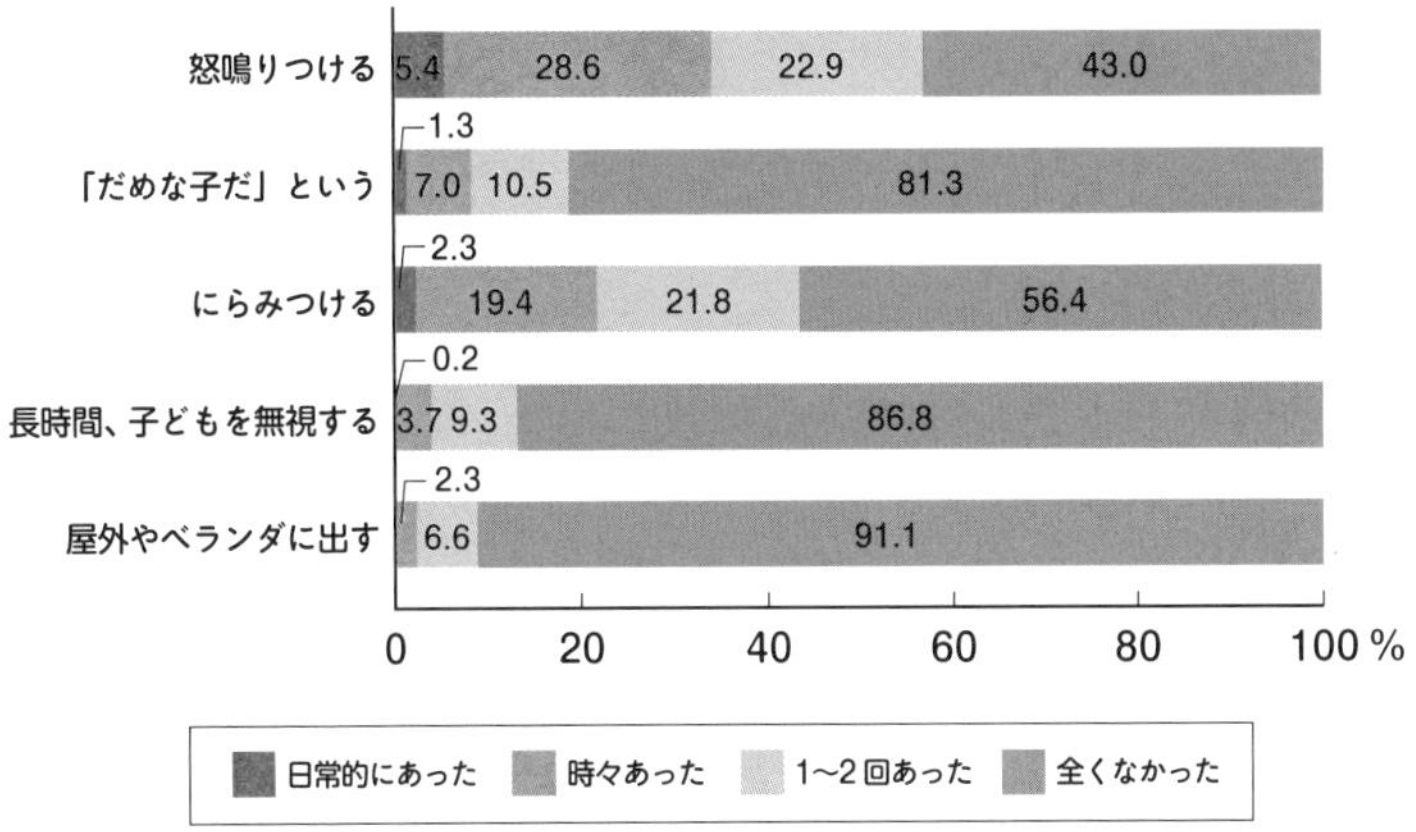
怒鳴りつける
5.4
28.6
22.9
43.0
「だめな子だ」という
1.3
7.0
10.5
81.3
にらみつける
2.3
19.4
21.8
56.4
長時間、子どもを無視する
0.2
3.7
9.3
86.8
屋外やベランダに出す
2.3
6.6
91.1
0
20
40
60
80
100％
日常的にあった
時々あった
1〜2回あった
全くなかった

脳科学で証明された マルトリの悪影響

「虐待」というと言葉が強すぎて多くの人が自分には関係ないことだと考えてしまいがちです。

しかし、虐待とまではいかなくとも**「不適切で避けたい養育（軽度な虐待）」**も子どもに悪影響を及ぼすことがわかってきたため、不適切な養育全般を**「マルトリートメント（マルトリ）」**という言葉で表現する研究者も出てきました。

マルトリが子どもに及ぼす影響につい

ていくつか見てみましょう。
まず、子どもへの体罰は、脳の前頭前野《ぜんとうぜんや》の一部に影響し、行動や感情を抑える脳の働きを低下させる可能性があります。
また、子どもが暴言を受けると、脳の側頭葉《そくとうよう》にある聴覚野《ちょうかくや》という領域に影響を与え、人が話す言葉の内容を理解する能力の発達に影響が及ぶ可能性があるとされています。
マルトリをなくすことができれば、「うつ病の54％がなくなる」「依存症の65％が発症しなくて済む」「ＰＴＳＤの50％が発症しなくて済む」「自殺企図の67％がなくなる」などの効果が期待できるといわれています。[※2]
さらに、マルトリの一種である**「エデュケーショナル・マルトリートメント（教育虐待、教育ネグレクト）」**にも注意が必要です。[※3]
たとえば、「子どもの発達に合わない教育の強制」「成績不振に対する過度の叱責」「子どもが学習に自信をなくすようなかかわり」「勉強を重視するあまり遊びや休憩・

※2　友田明美, 2022,「子ども虐待と脳科学―マルトリートメントによる脳への影響と回復へのアプローチ」『女性心身医学』26巻, 3号, 265-272.
※3　大西将史・大西薫, 2022,「エデュケーショナル・マルトリートメントに関する研究の概観 ―概念の定義に焦点を当てた検討―」『福井大学教育実践研究』46, 85-97.

睡眠の時間をはく奪すること」などがエデュケーショナル・マルトリートメントに含まれます。

知らず知らずのうちに、教育熱心がいきすぎにならないよう、気をつけておく必要があるでしょう。

親のSOSを周囲が察知

そこで大切になるのが親の精神的な健康です。マルトリをしてしまう多くの親は**自分の行動に罪悪感や不安を覚えており、心のうちでは「助けてほしい」と感じています。**

その際、助けになるのは配偶者や近親者などの周囲の人です。周囲が子どもや親に何らかの異変を感じても、本人は「大丈夫」といってサインを出せないことがあります。そんなときは、周囲の人が敏感に察知し、専門家や公的機関に相談するなど、解決策を模索しましょう。

＼教えて、ハマノ先生！／

Q 子どもの悪いところばかりに目がいき、つい叱ってしまいます

A 否定は極力避ける！悪い理由を説明して理解を促しましょう。

ずっと子どもと生活していると、どうしても悪いところが目に余り、ついつい叱ってしまうという人も少なくありません。

もちろん子どもが問題行動を繰り返すのであれば、何らかの対処が必要になりますが、問題はそのときの対応です。

頭ごなしに悪いところを「直しなさい」というと、**否定的な態度**になってしまい、子どもの心にダメージを残してしまいます。

否定的な養育は、子どもの攻撃的な問題行動にもつながりやすいとされているので、避けたいところです。[※1]

そこで、まずは親が**怒りたくなる感情をぐっとこらえて、その言動がなぜ悪いのかをきちんと説明してあげる**ことを心がけてください。大切なのは子どもの気持ちに寄り添う姿勢なのです。

※1 菅原ますみら, 1999,「子どもの問題行動の発達：Externalizingな問題傾向に関する生後11年間の縦断研究から」『発達心理学研究』第10巻, 第1号, 32-45.

Part 2

Chapter 2

子どもの
自立をさまたげる
親の×行動

子どものわがままな要求を何でも許してしまう

◎甘やかしすぎると失敗に弱くなる！

ついつい子どもの要求に応じてしまい、お菓子やモノを買ってあげたり、ゲームも好きなようにやらせてしまったり……。

周囲から見れば「やさしい親」のように映るかもしれません。子どもには何不自由なく育ってほしいという願いから、何でも好きにさせているという考え方もあるのでしょう。

こうした養育スタイルは、バウムリンドの分類によれば「消極型（甘い親）」といえます（P52参照）[※1]。

※1 佐藤公代, 2004,「養育スタイルに関する比較文化研究」『愛媛大学教育学部紀要』第51巻, 第1号, 41-43.

消極型の養育スタイルは、子どもの自己肯定感や自尊感情が高まりやすいという傾向があり、それ自体は必ずしも悪いことではありません。

しかし、消極型でずっと育った子どもは、**将来的に失敗や困難に直面したときに傷つきやすくなります**。

こうした子どもが精神的に不安定になると、攻撃的になったり、社会規範を逸脱した問題行動が多くなったりするとされています。

ですから、幼少期は「お菓子はひとつだけ」「ゲームは2時間まで」などの最低限の制約を親が決めて、その範囲内で自由に遊ばせてあげてください。

学校や社会では、誰もが「やさしく」接してくれるわけではありません。社会においてルールは必要不可欠。そのルールを身をもって学ぶ最初の場所が家庭なのです。

POINT

家庭内でもルールは必要。その範囲内で好きにさせるのはOK！

「よその子はできるのに……」子どもをほかの子と比較してしまう!

◎ほかの子との比較は、広い意味での虐待

教育熱心で自分の子どもへの期待感が強い親ほど、他の子どもと比較して叱ったり、過去の自分と比較して励まそうとしたりする傾向があるように思います。

とくにお受験などの場面は、成功と失敗が明確な結果として表れる競争ですので、ほかの子どもとの成績などと比較しがちかもしれません。

しかし、これまでの研究で**「ほかの子どもと比較する」行為は、広い意味での虐待（マルトリ）にあたる**と考えられています。[※1]

「私が子どものころは比較されて育った」という人もいるかもしれませんが、そのときの感情までは覚えていないのではないでしょうか。

※1 友田明美, 2019,『実は危ない！その育児が子どもの脳を変形させる』PHP研究所

誰かと比較されたとき、子どもには強いストレスがかかり、「自分はダメな子なんだ」と考えてしまう危険性があります。

自分のことを「ダメ」だと感じても、必ずしも奮起するとは限りません。むしろ、子どもの自己肯定感が著しく損なわれ、自身の力を信じることができなくなって、やる気が湧かなくなることもあるでしょう。

とくに、きょうだいとの比較は、きょうだい間の不仲にもつながりかねません。子どものやる気を伸ばしたいのなら、誰かと比較するよりも、**その子自身の能力を過去と比較**して、伸びたところに注目しましょう。

POINT

比較してもやる気は起きません。
その子のの伸びた部分に注目しましょう!

私はどうなってもいいから子どもが最優先！

◎親の健康状態も大切なポイント

子どもを愛するあまり、親が「自分のことは二の次」になっているケースをしばしば見かけます。子どもを第一に考えるという姿勢は悪いことではありませんが、親が無理をしすぎて心身が疲れきってしまうのも問題です。

親の健康状態は子育てにおいて非常に重要です。

ごく日常的な場面でも、その弊害は現れます。たとえば、お母さんが疲れきっていると、子どもが話しかけているのに返答がおざなりになってしまったり、ぼーっとして子どもの行動に目がいかなくなったり……。

POINT

親だって完ぺきじゃない。疲れたらリフレッシュして！

ですから、親は無理をしすぎないこと。親だって人間ですから、すべてを完ぺきにこなすことはできません。「もう無理！」と感じたら、配偶者や自分の両親、あるいは公的なサービスを頼ってもいいのです。

近年は父親が育児に参加している家庭ほど、子どもの発達が良好であるという研究報告もあります。※1

父親にも積極的に子育てに参加してもらって、**家族全体で子育てできる環境**ができるといいですね。

※1 加藤承彦ら, 2022,「父親の育児参加が母親, 子ども, 父親自身に与える影響に関する文献レビュー」『日本公衆衛生雑誌』第69巻, 第5号, 321-337.

子どもの「なぜ？」にすぐ答えを教えてしまう

◎子どもが疑問を抱いたときは脳がフル回転中！

好奇心が旺盛な子どもほど「なぜ？」「どうして？」と、さまざまな物事に対して疑問を抱きます。

そんなとき、皆さんはどう対応していますか？

親が答えを知っていたり、スマホで検索したりしてすぐに答えるという人もいるのではないでしょうか。けっこうやりがちですが、あまりいい子育てとはいえません。

たしかに知識を得るという面ではプラスになるかもしれませんが、子どもがせっかく疑問を抱いて思考をめぐらせているときに、それを一瞬で遮断してしまうからです。

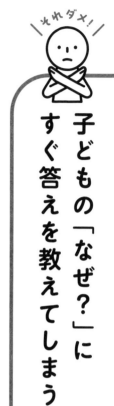

子どもが疑問を抱いたときは、**興味や関心が強く喚起されていて、脳がフル回転している状態**です。

そこで、まずは**親も一緒に考える**という姿勢を見せるといいでしょう。仮に答えを知っていても「ねー、なんでだろうねー？」と同調してみてください。そのうえで、子どもには回答にたどり着くようなヒントを与えられるといいですね。

このようなかかわり方は、前述のブルーナーがいう**「足場かけ」**（P80参照）にあたり、子どもの自主性や創造性などを伸ばします。※1

もちろん、すべての質問について親が答えを保留してしまうと、子どもも嫌になってしまうかもしれません。すぐ答えを言ったほうがいいと感じるときは無理せず言ってあげたほうが良いでしょう。大切なのは、子どもができるだけ多く疑問を出せるようにすること。**「問いを出すことは素晴らしい」**ことだと伝えてあげてください。

POINT

「なぜ？」は自主性を伸ばす大チャンスと捉えよう！

※1 ヴィゴツキー著・土井捷三ら訳, 2003,『「発達の最近接領域」の理論—教授・学習過程における子どもの発達』三学出版

遊びに夢中になっているのに途中でやめさせてしまう

◎熱中は非認知能力も学力も伸ばす!

子どもが好きなことをしていると、時間を忘れて夢中になることがあります。

積み木遊びやごっこ遊びなどで、自分の世界に入り込んで、話しかけても聞こえていないなんていう経験をしたこともあるのではないでしょうか。

親はスケジュールを気にしがちです。ご飯の時間だったり、お風呂の時間だったりを気にして「そろそろ遊びは終わりにしようね」と中断させてしまうこともあるでしょう。

ただ、子どもが好きなことに熱中しているときは、**声をかけるのも避け、時間が許す限りやらせてあげてください**。

子どもが熱中しているときは、脳のさまざまな領域が活性化されており、自発的な思考や創造性が育まれているからです。

内田伸子の研究によれば、難関大学を卒業し、医師や弁護士などの難関資格を獲得している人は、**子どものころに趣味や好きなことに集中して取り組んでいた**と報告されています。[※1]

つまり、子どもが何かに熱中して取り組むことは、非認知能力だけでなく、学力の向上にもプラスの効果があったと考えられます。

何に熱中するかは、人それぞれです。子どもの目の届くところに図鑑や子ども向けの本などをさりげなく置いておくのもいいでしょう。とくに図鑑は熱中を誘発しやすく、子どもの好奇心を育てるのに適しているとする研究もあります。[※2] 子どもが集中していると感じたら、声をかけるのを避けて見守りましょう。

POINT

好きなことに熱中して取り組んだ子どもは学力も高まる！

※1 内田伸子, 2014,『子育てに「もう遅い」はありません』冨山房インターナショナル
※2 瀧靖之, 2018,『「賢い子」は図鑑で育てる』講談社

子どもにプレッシャーをかけて厳しくしてしまう

◎脳科学で解明されたプレッシャーの悪影響

昔ながらのアニメでは「こらー！　勉強しなさーい！」なんて怒るお母さん像がよく描かれていました。アニメの世界では微笑ましい光景ですが、こうした行為もいきすぎると子どもの成長を阻害する要因だとされています。

脳科学では、**プレッシャーを感じながら勉強するのと、楽しい・おもしろいと感じながら勉強するのとでは、大きな差が生じる**ことがわかっています。

脳は強いストレスを受けると、扁桃体という領域が働きます。扁桃体のすぐそばには記憶を司る海馬があり、ここに貯蔵された記憶を使って、前頭連合野のワーキングメモリーが働いて情報を処理しています。勉強などで得られる記憶には、そのときの

POINT

学習能力を低下させるプレッシャーは家庭には不要！

感情も記憶されているのです。※1

ストレスを感じて覚えた記憶を引き出すとき、脳は「不快」だと判断し、情報処理能力が低下します。逆に楽しいと感じながら得た記憶は、「快」だと判断されて脳が活性化するのです。

これは勉強だけでなく、あらゆる物事でも同じこと。**家庭では不用意にプレッシャーをかけることがないよう注意してください。**

※1 内田伸子・浜野隆編著, 2012,『世界の子育て格差―子どもの貧困は超えられるか』金子書房

「○○するな！」と禁止ルールをつくってしまう

◎子どもが自身の行動や感情を制限してしまう

子どもの行動をコントロールしようとして、「○○するな」という禁止ルールを課すことはないでしょうか。一概に禁止が悪いわけではありませんが、過度な禁止は本書でいうところの**「独裁型養育」**や**「強制型しつけ」**につながる養育スタイルになります（p52参照）。

交流分析と呼ばれる心理療法の理論においては、**「禁止令」**と**「ドライバー」**という概念があります。[※1]「禁止令」とは、幼少期から親が子どもに伝える暗黙の禁止メッセージのことであり、これによって、子どもの中に「○○するな（してはいけない）」という無意識の脚本が形成されます。

たとえば、息子がいる前で「本当は女の子が欲しかった」などと言ってしまうと、

※1 トニー・ティルニー著・深澤道子監訳, 2013,『交流分析事典』実務教育出版

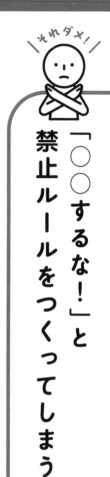

「自分は男であってはいけない（自分であってはいけない）」という脚本が形成されてしまうのです。

このような「禁止令」が積み重なると子どもは苦痛を感じるようになり、それを緩和するために「ドライバー（親から伝えられたモットーやスローガン）」を活用します。ドライバーには、「完全であれ」「他人を喜ばせよ」「強くあれ」などがあり、「完全だから自分は存在してもいい」と、禁止令で束縛された自分を支えます。

ドライバーが機能することは必ずしも悪いことではありませんが、いつも完ぺきでいることなどできませんし、何らかの理由でドライバーの力が弱くなることもあります。そのようなときに子どもは衝動性が高まって、問題行動が出やすくなります。

日常的な禁止ルールから心の深い部分の「禁止令」まで、**家庭での「禁止」はできるだけ避けたほうがいい**でしょう。安全などのために止めるべき行動は、その理由を説明して子どもに理解してもらいましょう。

POINT

家庭での「禁止」は子どもの問題行動につながる危険性大！

子どもが失敗するとガミガミと叱責してしまう

◎結果だけでなくプロセスを見る習慣を！

子どもが手をすべらせてジュースをこぼしてしまう……。レストランなどでときどき見かける光景ですが、親の反応はおおよそ3パターンに分けられます。

ひとつは「あららら！」と慌てつつ、店員さんに謝りながら店内にこぼしたジュースを拭く人。もうひとつは「大丈夫？」などと子どもにジュースがかかっていないかを確認する人。そして最後は、「何してるの！」と子どもを叱る人。

ありがちな場面ですが、それぞれの親の養育スタイルがわかります。最初の親は周囲に気を遣いながら問題を解決しようと動き、子どもの失敗について強い非難は示していません。逆に最後の人は、子どもを叱責することが真っ先にきてしまい、問題解決が二の次になっています。

このように失敗を責める親は、**「強制型しつけ」**（P52参照）の傾向があると考えられます。たしかにジュースをこぼすという結果は良くないことかもしれませんが、子どもは意図的にこぼしたのではなく、単に手をすべらせてしまったというだけかもしれません。そのプロセスも踏まえたかかわりを考えるといいでしょう。

失敗を責めてばかりいると、子どもの自己肯定感が損なわれ、非認知能力に悪影響を及ぼします[※1]。

先の場面では叱責ではなく、手がすべった原因を探り「今度から気をつけようね」と声をかけるような対応を心がけましょう。

POINT

失敗を責めると自己肯定感がダウン。プロセスも大切に！

※1 汐見稔幸, 2017,『さあ、子どもたちの「未来」を話しませんか』小学館

テストや試合などで子どもの勝ち負けにこだわる

◎子どもは成長という練習期間にいる

プロスポーツやビジネスの世界では「勝ちにこだわる」というセリフをよく耳にします。このように覚悟を決めた人物はきらびやかに映るものですし、憧れの対象にもなりますよね。

しかし、これはあくまでプロフェッショナルな舞台での話。子どもは成長というプロセスのなかに生きており、大切なのは結果ではありません。いわばアスリートでいうところの**練習期間**なのです。

アスリートも練習期間は、さまざまな試行錯誤を繰り返して、自らのスキル向上に努めます。何度も失敗したり、敗北を味わって、そこから学びを得ているのです。

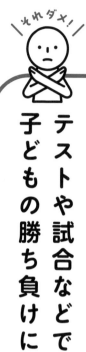

つまり、練習期間であるはずの子どもに対して、勝ち負けを求めるのは**学びの機会を奪う**ことにもつながります。

勝ち負けは、常に他人との間に生じます。テストなどで「○○に勝った・負けた」というのは、それが他人との比較を強く意識させてしまい、脳科学的にはマルトリにあたるともされています。※1 マルトリは脳の発達にダメージを与え、子どもの問題行動にもつながりかねません。

子どものうちはできるだけ勝ち負けにこだわらず、**たとえ負けても、そこから何を学ぶのかを親が教えてあげられるようなかかわり**を心がけましょう。

POINT

勝ち負けを求めると脳にダメージが！
負けから学ぶこともある!!

※1 友田明美, 2019,『実は危ない！その育児が子どもの脳を変形させる』PHP研究所

子どもが話しかけているのに スマホをいじり続ける

◎日本の子どもは親との会話が好き!

最近の子どもは親と会話をする時間が減少しているといわれています。その原因として挙げられているのがスマホです。

国立青少年教育振興機構は、日本とアメリカ、中国、韓国の親子関係を比較する調査を行いました。※1

その結果、日本の小学生は、親と「よく話している」と回答した割合が85・3%、「親と話すのが好き」と回答した割合も91・1%で、いずれも4ヵ国中でトップでした。

一方で、家族が一緒にいてもそれぞれが自分の携帯電話やスマートフォンを操作していることが「よくある」と回答した割合と、親が「時間がない」「いま忙しい」などと

※1　国立青少年教育振興機構, 2018,『インターネット社会の親子関係に関する意識調査報告書－日本・米国・中国・韓国の比較－』

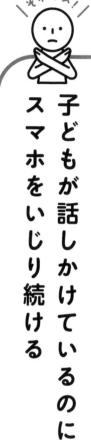

会話をさえぎる割合でも最多となりました。

この結果から、日本の子どもは**「親と話すのは好きだけど、きちんと話せないことがある」**と推測できます。また、スマホを見て会話する「ながら会話」も増えていることが考えられます。

親子との会話は、愛着といった基本的信頼感を形成するためにも重要ですし、何より親にとって、子どもがいま何を考え、どのような感情を抱いているのかを知る絶好の機会でもあります。

子どもが話しかけてきたら、できればスマホを置いて、**子どもの顔をよく見ながら会話を楽しんでいただきたい**と思います。

POINT

「ながら会話」はやめて、表情を見ながら会話しよう！

子どもがそばにいるのに夫婦でよくケンカしてしまう

◎夫婦ゲンカがもたらす脳へのダメージ

夫婦というのは、ときに意見が衝突してケンカをしてしまうものです。多くの方が夫婦ゲンカを経験されたことがあると思いますが、子どもの前で激しくののしり合うのは厳禁です。

福井大学とハーバード大学が共同で行った調査によれば、子どもの目の前で暴力を振るうような激しい夫婦ゲンカを頻繁に目にした子どもは、**脳の視覚野が平均で6・1%萎縮していた**と報告されています。※1

視覚野が委縮すると、記憶力や学習能力にマイナスの影響が出ると考えられます。

夫婦ゲンカは子どもの脳に深刻なダメージを与えるのです。

※1 Tomoda, A. ほか, 2012, Reduced visual cortex gray matter volume and thickness in young adults who witnessed domestic violence during childhood, PLoS One, 7(12) :e52528.

POINT

親の暴力的な言動はNG！
ケンカは子どものいないときに!!

「うちは口ゲンカだけだから……」と考えるかもしれませんが、実は言葉の暴力のほうが脳の萎縮を引き起こしやすいという研究もあります。

もし子どもの前で口論になりそうだったら、まずは二人で深呼吸をするなど、**アンガーマネジメント（P92参照）を実践**しましょう。とことん話し合いたいときは、子どもを祖父母に預けるなどして、二人きりの環境をつくるといいかもしれません。

教えて、ハマノ先生！

Q 子ども同士のケンカ、親は介入すべき？

A ケンカを通して子どもは人間関係を学びます。子どもが成長できるようなかかわりを模索しましょう。

日本の保育の特徴を研究したアメリカの心理学者キャサリン・ルイスは、「日本の幼児教育における協力と統制」という論文の中で、日本では園児同士がケンカをしても保育者があまり止めようとせず、**子どもたち同士で解決させようとする**ことに注目しました。※1

そして、「日本では外的な統制よりも、子どもに自分で気づかせ、規範を内面化させることを重視している」と考察しています。ルイスがこれを日本の特質だと見出したのは、外から規範を教え込む傾向の強いアメリカ社会と対比してのことだったと思います。日本とアメリカ、どちらが絶対的に正しいということではなく、子どものケンカへの大人のかかわり方も文化によって違いがあるようですね。

※1 Lewis, C. C., 1988, Cooperation and Control in Japanese Nursery Schools, Comparative Education Review, 28(1), 69-84.

Part 2

Chapter 3

子どものこまった言動 こんなとき どうする!?

子どものこまった言動ファイル

No. 001

子どもが泣き止まずにイライラしちゃう！

泣きの原因がわからないときは、まずは親がリラックス

乳児期の子どもは、何が原因で泣いているのかわからずに親をこまらせてしまうことがよくあります。

とくに、まだ言葉が話せないときは、あやしたり、オムツを替えたりしても泣き止まずに、親が強いストレスを覚えてしまうこともあります。

まず、やってはいけないことは赤ちゃんを揺さぶることです。激しい揺さぶりは脳に重大な後遺症をもたらすことがあります。なお、首や体をしっかり支えた状態での「高い高い」や「横向き抱っこ」などの通常のあやしなら問題ありません。※1

一方で、親がイライラしてきつくあたってしまったり、放り出してしまったりすると、子どもの愛着形成（P48参照）に悪影響を及ぼします。

そのため、まずは**親が落ち着ける環境をつくることが大切**です。子どもを安全な場所に寝かせて、いったんその場を離れ、まずは自分がリラックスしてみましょう。

とはいえ、長時間放置してはいけないので、少し落ち着いたと感じたら、すぐに子どものもとに戻って様子を見てあげてください。

※1 厚生労働省「赤ちゃんが泣きやまない～泣きへの理解と対処のために～」
https://www.mhlw.go.jp/seisakunitsuite/bunya/kodomo/kodomo_kosodate/dv/nakiyamanai.html

子どものこまった言動ファイル

No. 002

嫌なことがあると、つい友だちに手を出してしまう！

親子の愛着を形成するための接し方を！

幼稚園から小学校ぐらいの年齢だと、クラスに一人ぐらいの割合で暴力的な子どもを見かけます。程度はさまざまですが、他の子どもを叩いたり、先生の言うことを聞かなかったりといった問題行動が見られます。

子どもがこうした問題行動を起こすと、「発達障害かも」と不安に思ってしまうかもしれませんが、何でも疾患のように捉えてしまうのはよくありません。まずは、なぜ子どもが暴力をふるってしまうのかを受け止めることが改善の第一歩になります。

子どもが暴力的な行動をとる原因として挙げられるのは、**親との愛着形成**がうまくいっていないこと。暴力に走ってしまう子どもは、甘えたい相手に甘えを拒まれて、自分と向き合ってくれないことにイラ立ちを感じているケースが少なくありません。※1

ぜひ「**共有型しつけ**」（P52参照）を実践して、子どもの感情を受け止めてあげてください。多少時間はかかりますが、子どもの成長に必要な愛着を築いていきましょう。

※1 杉山雅宏, 2020,「暴力をふるう子どもの背景にあるものに関する考察：不登校となった子どもの事例から」『埼玉学園大学心理臨床研究』第7号, 15-20.

子どものこまった言動ファイル

No. 003

公園で友達にいじわるされて悲しそう……

子どもの感情に寄り添い、介入しすぎないよう注意しましょう

公園は、幼児期の遊びの場として非常に重要な役割を果たしています。幼稚園や小学校の近くの公園では、子どもたちが遊んでいるのを親が見守る微笑ましい光景をよく見かけます。

ただ、公園では子ども同士のちょっとした衝突も起きます。自分の子どもが、ほかの子どもにいじわるをされて悲しそうにしているといたたまれない気持ちになりますよね。

ついつい口を出したくなりますが、あまり**親が介入しすぎると**、**過保護・過干渉**になってしまい、子どもが「**自分で問題を解決する能力**」の成長を妨げてしまうこともあります。[※1]

親としては、まず「どうしたの？」「悲しかったんだね」というように、子どもの感情に寄り添って、落ち着かせてあげましょう。

そのうえで、子ども同士で仲直りできるように促してあげましょう。子どものことは子ども同士で解決できるように見守る姿勢が大切です。

しかし、あまりにもいじわるが続くようであれば、親同士で情報を共有しあうことも必要でしょう。

※1 伊藤大幸ら, 2014,「肯定的・否定的養育行動尺度の開発：因子構造および構成概念妥当性の検証」『発達心理学研究』25巻, 3号, 221-231.

子どものこまった言動ファイル

No. 004

こっちは
忙しいのに
「なんで？」が
止まらない！

これからの時代には「問題を見つける力」こそが大事

親が忙しくしているとき、ついつい子どもへの対応がおざなりになることがあります。とくに、「なんで？」と繰り返し質問されると、いちいち応じるのが面倒くさくなる気持ちもわかります。

ただ、子どもの「なんで？」は素晴らしい質問です。というのも、自発的に**「問題を見つける力」**を発揮しているからです。

これからの時代、スマホやAIなどの最新技術の発達によって、正しい答えはすぐに見つけられるようになっていきます。そんな時代において、求められる能力こそが「問題を見つける力」なのです。

子どもが問いを提示してきたら、なるべく丁寧に対応して、一緒に考えてあげてください。何度も拒否されると、子どもは次第に親へ問いかけなくなり、**問題を見つける力も弱体化**してしまいます。

とても忙しいときなどは、「ちょっと待ってね」と、自身の状況を説明して、あとでしっかりと対応してあげられるといいですね。

ぜひ、「問いを出すこと、質問することはいいこと」だというメッセージを子どもに伝えてあげてください。

子どものこまった言動ファイル

No. 005

学校や習いごとに行きたがりません！

子どもの「行きたくない」という感情に寄り添う

子どもが「学校に行きたくない」と言い出すと、「いじめられているんじゃないか」「このまま不登校になったらどうしよう」と不安になるかもしれません。

ただ、子どもが学校に行きたくなくなる理由は十人十色で、教育現場では決してめずらしくない感情なので、あまり動揺する必要はありません。

まずは、子どもの食事や睡眠など、生活習慣を整えましょう。それだけでも学校に行けるようになることがあります。

「絶対に行かなきゃダメ」とか「専門家の先生のところに行こう」などと、判断を急ぐことはありません。行きたくない原因を探るのではなく、子どもがどんな感情でいるのかを考え、**「そっか、行きたくないいんだね」**と、気持ちに寄り添ってあげましょう。その際、親からの視点だけでアドバイスをしたり、対策を考えたりするのではなく、子どもの話にゆっくりと耳を傾ける姿勢が大切です。[※1]

話を聞く際は、心理カウンセリングなどで用いられる**「傾聴」**（Ｐ１９６参照）という方法が有効です。子どもの感情の問題は、親が決めつけずに問題を一緒に考える姿勢を保ちましょう。

※1　松村亜里, 2020,『子どもの自己効力感を育む本』WAVE出版

子どものこまった言動ファイル

No. 006

子どもが何事にも積極的になりません……

子どもの興味・関心を引き出して成功体験を積み重ねる

学年が上がっていくにつれ、子どもは自身の居場所を増やしていくので、親が観察できる範囲もだんだん狭まっていきます。親が**「この子は○○だ」と思い込みすぎて、悩んでいる**というケースもたくさん目にしてきました。

親が「何事も」といっても、子どもは親の見える範囲の外で、積極的に何かに取り組んでいることもあります。まずは子どもがどんなことに興味を抱いているのか、関心をもって接していきましょう。買い物や図書館は、子どもの興味を知るいい機会にもなります。おもちゃや本の前で子どもが足を止めたら、それが興味の強いものかもしれません。

子どもは、学校では家とはちがった姿を見せることがあります。学校での様子を先生に聞いてみるのもいいでしょう。

こうして見つけた子どもの好きなことをやらせてあげて、**小さな成功体験**を積み重ねてください。そして、どんなにささいなことでも、子どもの成長を感じられたら、その部分をほめてあげましょう。その際、他人と比較するのではなく、あくまで**子どもの過去と現在の姿のちがいをほめてあげる**ことがポイントです。

子どものこまった言動ファイル

No. 007

勉強を
どうしても
やりたがら
ないんです！

日ごろの子どもの勉強する姿勢をよく観察しましょう

多くの子どもは勉強より遊びのほうが好きなものです。できることなら一日中遊んでいたいと考えています。とはいえ、ある程度の学力がないと論理的な思考や語彙力などに差が生じて、非認知能力にも悪影響を及ぼします。

ただ、プレッシャーをかけて勉強をさせても記憶の効率が悪くなるどころか、より勉強を嫌いになりかねません。そこで、大切なのは**「なぜ勉強をやりたがらないのか」**という視点です。

考えられるのは、何らかのつまずきによって、勉強がわからなくなっている状況です。普段からテストの答案などをよく見せてもらいながら、子どもが**どこでわからなくなっているのか把握して、そのつまずきを解消**してあげましょう。

また、1日30分でもいいので、勉強をする習慣をつけておくことをおすすめします。勉強することが習慣になっていれば、自然と机に向かうようになり、意欲も湧きやすくなります。そして、30分でも勉強ができたときはしっかりとほめてあげましょう。勉強への意欲は日々変わるので、親はよく観察しておくことが大切です。

子どものこまった言動ファイル

No. 008

スマホやゲームばかりいじってるんです！

スマホやゲームは1日1時間以上で学力が下がる！

文部科学省の『2022年度全国学力・学習状況調査』では、1日のスマホの利用時間が「30分未満」の子どもが最も学力が高く、使用時間が長くなるほど学力が下がる傾向が見られました。

たとえば、中学校3年生の数学の正答率は、スマホが「30分未満」だと60・8%、「4時間以上」だと41・4%となり、20ポイント近くの差があります。

脳科学者の川島隆太が長期にわたって子どもとスマホの因果関係を特定した研究によれば、スマホの1時間以上の使用で成績が低下したとされています。※1

日本小児科医会は、1日のメディア接触時間（スマホも含め、テレビ、ビデオ、パソコンなど）の目安を「2時間以内」と提言しています。これらの研究結果や医療界からの提言を知ったうえで、家庭でスマホとの向き合い方やルールを話し合ってみるといいですね。

その際、なぜルールを設けるのか、その理由をきちんと子どもに説明しましょう。「目が悪くなる」「友だちとの生のコミュニケーションが減る」「勉強する時間が削られる」「依存的になる」などが考えられます。

※1 川島隆太, 2018,『スマホが学力を破壊する』集英社

子どものこまった言動ファイル

No. 009

学校の
テストの点数が
良くありません！

平均点や他人と比べるのはNG！ できている部分に目を向けて

まずは、なぜテストの点数が悪いと親が感じているのか改めて見つめ直してみましょう。

ほかの子どもや平均点などと比べているなら、マルトリにも当てはまるので、いい養育態度とはいえません。

テストの点数を見るとき、あくまで**本人が伸びているかどうかを重視**しましょう。たとえば、どうしても数学が苦手で、1学期は20点だったのが2学期には30点だったとき、たとえ平均点にまったく届いていなかったとしても、前回よりは確実に成長していることになるので、決して「悪い」点数ではありません。また、10点伸ばすために子どもがどれだけ努力をしていたのかに注目して、そのがんばりが見られたのなら、素直にほめてあげましょう。

仮に、子どもが自信を失っているなら、**できているところに目を向けて、なぜできたのかという理由を見出してあげてください。**

成功の理由がわかれば、失敗への対策もできるようになります。テストをうまく活用して、子どもの学力と意欲の向上を目指しましょう。

教えて、ハマノ先生！

Q 子育てが精神的にきつい。逃げ出したくなったらどうすればいいですか？

A 9割以上がそう感じています。決してめずらしいことではないので、気軽に相談を。

子育てというのは、日々状況が変わり、突発的な出来事が起こることも少なくありません。親の思い通りにいかないことも多いですし、想定外のことばかりが押し寄せて、心身ともにつらくなることもあります。

発達心理学者の大日向雅美の調査によると、乳幼児期の子どもをもつ母親の9割以上が「育児をつらく思うことがある」と回答しています。育児をつらく感じることとは、多くの母親に共通した感情といえるでしょう。本書で提案してきたような取り組みが少しでもお役に立てればと願っています。

もし精神的な限界を感じているのなら、**自身の親や配偶者、友人などに相談**してください。もし近しい人に相談しづらいのなら、公的機関などにも専門の窓口が設けられているので迷わず相談しましょう。人に話すことで、自身の課題がわかり、リフレッシュするきっかけにもなります。

Part 3

非認知能力も認知能力も
両方伸ばすために
親がやるべきこと

学力や知能といった指標で測られる認知能力と、共感性や自制心などそれ以外の能力を指す非認知能力。

正反対の能力だと思われがちですが、二つの能力は密接にかかわり、相互に作用し合っています。どちらの能力も幸せに生きるために必要な能力で、車の両輪のようなものです。

Ｐａｒｔ３では認知能力と非認知能力を両方とも伸ばしていくために、親が何をすべきかに注目して解説します。

なかでも非認知能力は大きく「目標を達成する力」「他者と協働する力」「感情をコントロールする力」の３つに分類して紹介していきます。

Part 3

Chapter 1

認知能力と非認知能力

概論

性格が成果に影響する！ビッグファイブ理論

カギは「開放性」と「真面目さ」

学業の目標を達成したり、仕事で高い成果を出す能力を高めたりする性格があることをご存知でしょうか。これは、アメリカの心理学者であるルイス・ゴールドバーグが提唱した「ビッグファイブ」という考え方に基づいています。

この理論の特徴は、個人の性格を「外向性」「神経症傾向（情緒安定性）」「開放性」「協調性」「誠実性（真面目さ）」の5つの特性に分けて、それぞれの強弱で性格の傾向などを測ろうとするものです（図3－1）。そして、これらの能力は、すべて非認知能力に含まれます。

図3-1　ビッグファイブ理論の各性格特性

特性	特徴
外向性	活動的、社交的、自己主張が強い、強い刺激を求める、肯定的な感情を抱きやすい
神経症傾向（情緒安定性）	不安、怒り、衝動性、傷つきやすい、悲観的、怒りや敵意を抱きやすい
開放性	好奇心が強い、想像的、美術や音楽を楽しむ、哲学的な議論を好む、伝統やしきたりにこだわらない
協調性	やさしい、他者を優先する、他者を信用する、頼まれたら断れない、礼儀正しい
誠実性（真面目さ）	まじめ、秩序を好む、目標志向性、自分を高めようとする、慎重に物事を進める

出典：小塩真司『「性格」を研究し活用する』
https://www.waseda.jp/inst/weekly/news/2023/03/07/105906/

近年は一部企業でも採用試験にビッグファイブを測る指標を用いて、新入社員の性格的傾向を採用基準にしているケースもあり、重要な性格特性だといえるでしょう。

なぜ企業がビッグファイブ理論を活用しているかといえば、ビッグファイブのうち「開放性」と「真面目さ」が高い人ほど、仕事の成果を出しやすいという研究報告があるからです。※1

このように、非認知能力に含まれる性格特性が学業や仕事に対して好ましい影響を与えることは、いまやビジネスシーンにおいて常識にさえなっているのです。

※1　鶴光太郎, 2018,『性格スキル 人生を決める5つの能力』祥伝社

概論

非認知能力が将来の所得を左右する!?

非認知能力は認知能力を伸ばす原動力

経済学では、長らく認知能力と個人の生産性について研究され、生産性に対して認知能力が大きな要因になることが明らかにされています。

では、認知能力はどうやって伸ばせばいいのか。その原動力のひとつとなるのが非認知能力であり、現在もさまざまな研究が続けられています。

たとえば、日本とアメリカにおけるアンケート調査のデータを使用し、非認知能力と行動特徴が学歴や所得、昇進に与える影響を検証した研究では、前項のビッグファイブによる性格特性がどのような影響を与えているかの結果が報告されています。[※1]

※1 Lee, S.Y. & Ohtake, F., 2014, The Effects of Personality Traits and Behavioral Characteristics on Schooling, Earnings, and Career Promotion, RIETI DP:14-E-023.

この研究では男女差も考慮されており、日本の男性で「真面目さ」、日本の女性で「外向性」や「情緒安定性」が高い人ほど、所得も高いということが明らかにされています。

図3-2 性格特性が所得に与える影響力

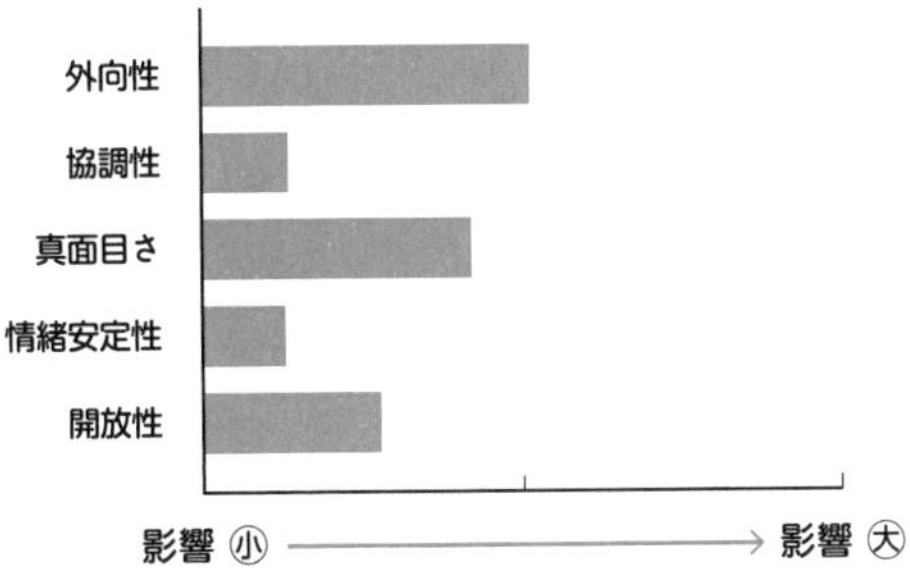

また、日米間でも所得や教育水準にちがいがあることも報告されており、文化的な差異も考慮する必要があるようです。

そのほかの研究でも、非認知能力が高い人ほど、学歴が高まることがわかっています。※2

このように、非認知能力が学力といった認知能力に影響を及ぼし、個人の生産性を高めることはエビデンスからも明らかなのです。

※2 経済協力開発機構（OECD）編著, 2018,『社会情動的スキル——学びに向かう力』明石書店

概論

コロナ禍前後の変化に見る子どものウェルビーイング

先生の子どもへの接し方に変化が！

コロナ禍は、私たちの生活に大きな変化をもたらしました。直接的な接触を避けるようになり、企業や学校でもリモートが普及するなど、世代を問わず、その影響は暮らしを直撃したといえます。

そこで、筆者はコロナ禍前後の子どもの意識に着目し、学力とウェルビーイングにどのような影響があったかを調べました。※1

その結果をまとめたものが左の図3－3で、コロナ禍以前の2019年と2022年の意識の変化を示しています。

※1 浜野隆, 2023,「コロナ禍を克服し、学力とウェルビーイングを高める学校へ」『児童教育』33, 5-8.

図3-3　コロナ禍前後の子どもの意識の変化

	2019年	2022年
学校に行くのは楽しい	54.0%	51.8%
将来の夢や目標をもっている	65.9%	60.4%
自分には良いところがあると思う	38.9%	39.5%
先生は、私の良いところを認めてくれていると思う	43.1%	46.3%

出典：国立教育政策研究所『全国学力・学習状況調査』

このなかで注目すべきは「将来の夢や目標をもっている」という項目が、5・5ポイントも下落したこと。これは、この調査が開始されて以降、かつてないほどの下落です。将来の夢や目標をもつことは、子どもたちのウェルビーイングのひとつの要素であり、非認知能力にも影響を及ぼす可能性があります。

一方で「自分には良いところがあると思う」という自己肯定感を尋ねた項目のポイントはコロナ前よりも伸びています。これは政府が、先生に対して子ども一人ひとりをほめることを推奨した結果が表れはじめているのではないかと考えています。

教師からの承認は、子どもの学力にいい影響を与えると考えられています。コロナ禍を乗り越えて、先生と子どもがより個性を見つめるようになっていけば、より良い教育を実現できる契機になるかもしれません。

概論

非認知能力を「スキル」と捉えるさまざまな研究

非認知能力を表す3つの力

非認知能力は、認知能力以外のほぼすべてを指す言葉です。そのため、どこからどこまでの能力を含めるかといった定義については、研究者によっても差があります。

ただ、本書では認知能力やウェルビーイングに影響し、さらに親とのかかわりによって伸ばしていくことができる能力（スキル）にフォーカスしています。

そのため、Ｐａｒｔ１でも触れたＯＥＣＤの定義でもある「目標を達成する力」「他者と協働する力」「感情をコントロールする力」を３つの非認知〝スキル〟として着目していきます。

目標のために我慢する戦略的スキル

さて、皆さんはマシュマロ・テストという心理実験をご存知でしょうか。これは、ウォルター・ミシェルというアメリカの心理学者が行った実験で、子どもの前にマシュマロを置いて、15分間食べずに我慢できたらもう1個あげるという条件を与えて、子どもがどのように反応するかと将来的な成果を検証したものです。※1

その結果によれば、我慢できた4歳児は、その後の学校での成績は優秀で仕事でも収入が多く、対して我慢できなかった4歳児は成績が比較的劣り、収入も少ないという傾向があると報告されました。

この実験にはさまざまな見解があり、その再現性をめぐってまだ議論が続いています。しかし、この実験では子どもたちが実に戦略的に我慢していたことも報告されています。

※1 ウォルター・ミシェル著・柴田裕之訳, 2017,『マシュマロ・テスト―成功する子・しない子』早川書房

図3-4 マシュマロ・テストの概要

我慢できた4歳児
・学校での成績が優秀
・仕事でも収入が多い
・肥満率も低い
我慢できなかった4歳児
・学校での成績が比較的劣る
・仕事での収入が少ない
・肥満率が高い

たとえば、子どもたちの中にはマシュマロを食べないように「目隠しして見ないようにする」「歌を歌う」などの行動をとった子もいたそうです。また、「おやつが本物じゃなくて写真だと思っていいですよ」とヒントを与えると、我慢できる時間が長くなったことも合わせて示されています。

こうした子どもの戦略的態度は、まさに教育や訓練で伸ばすことのできる〝スキル〟だと考えられます。

マシュマロをもう1個もらうという「目標達成」をするために「自己をコントロール」する力は、ちょっとしたヒント（マシュマロを写真だと思う）や行動の工夫（目隠しや歌）で変化させることのできる「スキル」と捉えることができるのです。

非認知能力は脳の機能？

私たちは目標を達成するために自分をコントロールする力を「根性」という精神論で片付けてしまいがちですが、脳科学的な観点から「実行機能」として定義する研究があります。※2

実行機能の定義は研究者でも意見が分かれるところですが、おもに目標達成に向けて努力する「目標志向」と自身をコントロールする「自己制御」という側面が強いとされています。

実行機能は前頭連合野《ぜんとうれんごうや》という脳の領域が関与しているとされ、欲求や癖を制御したり、課題を柔軟に切り替えて解決に取り組んだり、脳のなかにある情報をアップデートする力をもっているとされます。

実行機能は、情動などの非認知能力的側面からも研究されており、幼児期や児童期の脳の発達と関連していると考えられています。このように、非認知能力は、ひとつの脳の機能としても解明されはじめているのです。

※2 森口佑介, 2015,「実行機能の初期発達, 脳内機構およびその支援」『心理学評論』58, (1), 77-88.

概論

生活習慣や親とのかかわりが非認知能力を形成する

子どもの非認知能力を形成する要因

非認知能力が、いわば非認知「スキル」であるということは、前項まででご理解いただけたかと思います。

では、具体的にどのような教育や環境が、子どもの非認知能力に影響を与えるのでしょうか。

筆者が代表をつとめた研究チームでは、『全国学力・学習状況調査』を分析し[※1]、子どもの非認知能力を規定する要因を探りました。その結果が左の図3－5です。

この分析では、子ども（小学6年生）の非認知能力は、「毎日子どもに朝食を食べさせている」や「テレビゲームをする時間を限定している」といった生活習慣から、「子

※1 お茶の水女子大学, 2018,『保護者に対する調査の結果と学力等との関係の専門的な分析に関する調査研究』

図3-5 分析でわかった非認知能力の規定要因（小学6年生）

- ☑ 毎日子どもに朝食を食べさせている
- ☑ テレビ・ビデオ・DVDを見たり、聞いたりする時間などのルールを決めている
- ☑ テレビゲームをする時間を限定している
- ☑ 子どもの良いところをほめるなどして自信をもたせるようにしている
- ☑ 子どもに本や新聞を読むようにすすめている
- ☑ 子どもと読んだ本の感想を話し合ったりしている
- ☑ 子どもが小さいころ、絵本の読み聞かせをした
- ☑ 子どもと何のために勉強するか話し合っている
- ☑ 計画的に勉強するよう子どもに促している
- ☑ 子どもが外国語や外国の文化に触れるよう意識している
- ☑ 子どもに努力することの大切さを伝えている
- ☑ 子どもに最後までやり抜くことの大切さを伝えている
- ☑ 地域社会などでのボランティア活動などに参加するよう子どもに促している

どもの良いところをほめるなどして自信をもたせるようにしている」といった親のかかわりが大きな要因であることが明らかになりました。

さらに先述してきた研究なども踏まえると、子どもの非認知能力を伸ばすためには、「子どもの良いところを探す」「できないところではなく、できることに目を向ける」といった親の態度が基本になると結論づけられます。

この基本を念頭に置いて、次項からは3つの力に絞って、どうやって伸ばしていくべきか具体的な方法を解説していきます。

教えて、ハマノ先生！

Q

周囲が中学受験をするので うちも受験をするかどうか 迷っています。

A

中学受験はストレスフル。偏差値や結果ではなくプロセスを見守りましょう。

中学受験をめぐっては、さまざまな問題が取りざたされています。受験というのは、どうしても**偏差値などによって他人との比較が生じますし、合否は「勝ち負け」の問題**でもあります。いずれも子どもにとって非常に強いストレスとなるものです。

とくに中学受験については、ちょうど思春期の入口にさしかかっている不安定な時期でもあります。ある研究では、自身の偏差値や学校の成績次第で、子どもの自己肯定感を損なう可能性も指摘されています。※1

ただ、受験を通して親子で一緒に取り組むことで「やり抜く力」を養うことにつなげていくこともできます。その際、大切なのは結果ではなくプロセス。思うような結果が得られなかったとしても、子どもの努力と成長をほめて成功体験につなげられれば、決して悪いことではありません。

※1 村井潤一郎ら, 2022,「中学受験の心理と課題」『教育心理学年報』第61集, 267-278.

Part 3

Chapter 2

「目標を達成する力」を伸ばす方法

目標

目標を達成するために大切な「やり抜く力」

やり抜く力を指標化した「GRIT」

目標を達成する力とは、「やり抜く力」とも言い換えることができます。

物事をやり抜くためには、さまざまな困難が伴います。ときには失敗をすることもあるでしょう。

しかし、やり抜く力がある人は、壁に直面しても自分を抑えて我慢し、意欲を失わずに取り組むことができます。

そのため、目標を達成する力には、自制心や粘り強さ、真面目さなどの力が含まれていると考えられます。

図3-6　GRIT（グリット）の4つの力

Guts（度胸）	困難なことに立ち向かう力
Resilience（復元力）	失敗してもあきらめずに続ける力
Initiative（自発性）	自分で目標を見つける力
Tenacity（執念）	最後までやり遂げる力

アメリカの心理学者アンジェラ・ダックワースは、こうした力を「GRIT（グリット）」と総称して、4つの力が深く関連していると提唱しました（図3－6）。※1

その後の研究で、グリットの高い兵士は軍隊の厳しい特殊訓練を完遂しやすいことや、グリットの高い販売員ほど仕事をやめにくい傾向があることが示されました。※2

こうした研究から、グリットが困難を乗り越え、長期目標を達成できるか否かを左右する力を表していると、多くの研究者から支持されるに至っています。

また、グリットは生来の才能とはほとんど関連しないこともわかっています。グリットはトレーニングで伸ばすことのできる能力なのです。

※1　アンジェラ・ダックワース著・神崎朗子訳, 2016,『やり抜く力――人生のあらゆる成功を決める「究極の能力」を身につける』ダイヤモンド社

※2　竹橋洋毅ら, 2019,「日本語版グリット尺度の作成および信頼性・妥当性の検討」『心理学研究』第89巻, 第6号, 580-590.

目標

目標を達成する力の土台となる自己効力感とは？

「自分はできる」という感覚

では、グリットに代表される「目標を達成する力」を伸ばすためには、どのような方法があるのでしょうか。

そのキーワードとなるのが「自己効力感」です。

この概念は、カナダの心理学者アルバート・バンデューラが提唱したもので、「ある行動を遂行することができると、自分の可能性を認識していること」を指します。

バンデューラによれば、自己効力感が強いほど実際にその行動を遂行できる傾向があるとされています。そして、教育心理学の分野では古くから重視されてきました。[※1]

※1 アルバート・バンデューラ編, 1997,『激動社会の中の自己効力』金子書房

自己効力感の大切なポイントは、あくまで自分が「できる」と認識するという点です。周囲から見れば難しいと思える課題でも、本人が「自分はできる」と考えていれば、実際にクリアできる可能性が高まるとされています。

たとえば、次のような例を考えてみましょう。それまで学力の低かった学生Aが高度な問題を出されたとしましょう。周囲の教師やクラスメイトも「Aには無理だ」と感じる問題です。しかし、Aのなかには「これなら勉強すればできる」という確信めいたものがあったので、必死に勉強して、この難解な問題を解いてしまいました。この「自分が勉強すればこの問題が解ける」という期待のうち、「勉強→解ける」という「行動から結果を予測する」ことを「結果期待」といいます。そして、「自分には必要な勉強ができる」という「自分→勉強」という「自分が必要な行動を遂行できる」という感覚を「効力期待」といいます。自己効力感は、ある課題に対する「効力期待」のことであり、自己効力感が高いと行動を遂行できる可能性が高まります。

自己効力感は、やる気を引き起こし、どんな困難にも立ち向かう力（＝目標を達成する力）の源泉のようなものだと考えられます。自己効力感を高めることが、目標を達成する力を伸ばすカギを握っているといってもよいでしょう。

自己効力感は獲得しやすい

自己効力感の特徴のひとつとして、可変性が高い（＝変わりやすい）という点が挙げられます。

非認知能力に関する先行研究を分析した結果によれば、自己効力感はメタ認知、ソーシャルスキルと同様に、さまざまな働きかけによって変化しやすいということが示されています（図3－7）。[※2]

さらに、同研究では自己効力感がポジティブなアウトカム（結果）を得るために大切な要素であることも報告されています。

これらの研究から、自己効力感は才能などの先天的な能力に関係なく、後天的に育まれ、さらにポジティブな結果を生み出すと考えられます。

実際に広島大学では、大学生の入学当初の意欲的態度に、グリットや自己効力感がどのように影響するのか調査を実施しました。[※3]

※2 Gutman and Schoon, 2013, The impact of non-cognitive skills on outcomes for young people: Literature review, Institute of Education, University of London.

※3 向井暁・佐藤純・植村広美, 2022,「大学生の汎用的技能に関する研究（5）―自己効力感とグリットが考慮された大学初年次生の汎用的技能と大学生活における意欲の関連性―」『県立広島大学 教育実践センター紀要』第2号, 11-23.

図3-7　変化しやすい非認知能力の概念

心理学的概念	変わりやすさ
自己効力感	高
セルフコントロール	低〜中
メタ認知	中〜高
ソーシャルスキル	中〜高
動機づけ	中
レジリエンスなど	高

その結果、自己効力感が高い人ほど、大学で身につけられる社会的スキルが高まる可能性が示唆されました。

さらに、社会的スキルが高まると、それを発揮する場へ参加する意欲も高まり、リーダーシップなどの望ましい態度を形成する可能性も指摘されています。

自己効力感は、教育や環境によって誰もが認知できるもの。ただ、それは逆に何らかのきっかけで損なわれやすい可能性も示しています。自己効力感をどのように高めるか。それが目標を達成する力を伸ばすヒントになるのです。

目標

自己効力感を高める再帰属訓練を試そう！

自己効力感に影響する要素

ここからは自己効力感を高め、実際に目標を達成する力を伸ばしていくための具体的な方法について述べていきます。

バンデューラは自己効力感に影響を与えるものとして、4つの要素を挙げています（図3－8）。※1

そして、その後の研究では、こうした4つの要素に加えて、その行動を何のために行うかという意味づけによって、自己効力感が高まりやすいこともわかりました。

そのほか、「ある課題を達成するための方略を知っていて、それを活用できるとわ

※1　江本リナ, 2000,「自己効力感の概念分析」『日本看護科学会誌』第20巻, No.2, 39-45.

図3-8　自己効力感に影響する4つの要素

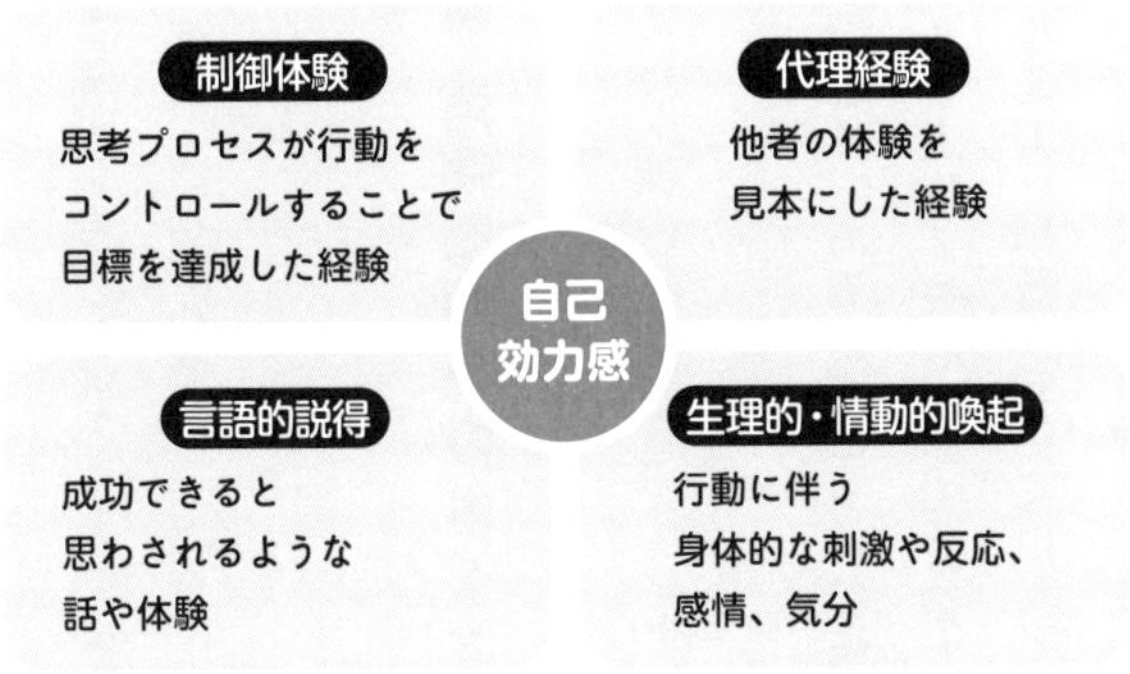
制御体験
思考プロセスが行動を
コントロールすることで
目標を達成した経験
代理経験
他者の体験を
見本にした経験
自己
効力感
言語的説得
成功できると
思わされるような
話や体験
生理的・情動的喚起
行動に伴う
身体的な刺激や反応、
感情、気分

かっていること」「成功や失敗の原因は何か具体的に示すこと」などが自己効力感に影響していることが報告されています。

成功は努力の結果だと認識させる

こうした研究結果をもとに、自己効力感を高めるトレーニングとして考案されたのが「再帰属訓練」です。

これはアメリカの心理学者キャロル・ドゥエックが提唱した訓練法で、学習に対して無気力になってしまった子どもたちに、再び学習意欲をもたせることを目的にしています。

ドゥエックは、子どもにやさしい問題をたくさん与え自信をつけさせようとする「成功経験群」と、やさしい問題と難しい問題を与え、間違えた際は努力が足りなかったと強調してがんばろうと励ます「努力帰属群」に分けて、その後を比較しました。すると、成功経験群の子どもたちが難しい問題にあたるとすぐにあきらめてしまったのに対し、努力帰属群は失敗しても根気強く学習を続けるようになったのです。

再帰属訓練のポイントは「ヒント出し」

再帰属訓練の具体的なポイントは次の3つです。

① 学習者は、ある課題について失敗を経験する。
② 教える人は、失敗の原因は努力が足りないためであると学習者を励まし、ヒントを与えて、学習者が正答にたどりつくように促す。
③ 学習者が課題をクリアして成功を体験する。

このトレーニングが活きるのは、おもに困難な課題にぶつかったとき。①のような体験は意図的につくることもできますし、日常的に訪れる瞬間でもあります。困難な課題をそのままクリアできずに放置していると、その先にある課題もできなくなり、「自分はできない」という無気力な認知が強まってしまいます。

そこで教える人に求められるのは、ヒントを出すこと。たとえば、子どもが算数のドリルをやっていて、難しい問題にあたったとしましょう。その際、正答を教えるのではなく、どこがわからないのかを確認して、それを解決する方策についてヒントを与えるのです。

もし、親が問題を理解できない場合は、ドリルであればたいてい回答集などが付いていますから、それを見ながら子どもにヒントをあげても構いません。

こうして正答を導き出せたとき、子どもは努力して成功したという体験をします。いわゆる成功体験というものです。再帰属訓練は、この体験を少しずつ積み上げていくことで自己効力感を高めるトレーニング方法なのです。

目標

本や映画でもOK！手軽にできる「代理強化」

他人の成功体験を知って自己効力感を高める

前項では成功体験によって、自己効力感を高めるトレーニング法を紹介しましたが、バンデューラの理論に基づけば、自身の経験でなくても効果が期待できます。

これは、「代理体験」（P169参照）を活用した「観察学習」と呼ばれるものです。誰かの成功体験を見たり聞いたりして、自己効力感を高める。つまり、「代理強化」することを目的としています。※1

このような代理強化は、日常的な場面でもよく見られます。

※1 アルバート・バンデューラ編, 1997,『激動社会の中の自己効力』金子書房

たとえば、野球が大好きな子どもが、憧れているメジャーリーガーが少年時代に行っていたトレーニングをテレビなどで知ったとしましょう。すると、その子どもは少しでもメジャーリーガーに近づくため、その練習方法を真似するのではないでしょうか。こうした事例は、より身近な学校や職場などでもよく見られます。

自伝やサクセスストーリーが最適

こうした効果を得るために有効なのは、自伝的な本や映画などです。2015年に公開された映画『ビリギャル』は、その代表例ともいえます。

この映画は、成績が低かった女子高校生が、人との出会いなどを通じて難関大学に合格するサクセスストーリーです。このように成功した人の経験を、エンターテインメントなどを通じて学ばせることも、非認知能力を伸ばす要因になります。見終わったあとに親と子どもで感想などを話し合うと、なおいいでしょう。

目標

取り組む時間だけでなく休憩の取り方も大切

子どもにはゆとりも必要

教育熱心といわれる家庭では、学校に加えて塾や習いごとに通わせたりなど、子どものスケジュールにゆとりが少なくなることがあります。

もちろん、こうした家庭が悪いというわけではありません。塾などの課外活動で非認知能力の成長を促すこともありますし、さまざまな人とのかかわりが増えることで、ポジティブな影響を受けることもあります。

しかし、厳しいスケジュールに追われるあまり、子どもの情緒的な側面を軽視してしまうと、非認知能力に対しては悪影響を及ぼす可能性があります。

休憩時間は好きなことをやらせる

バンデューラは、自己効力感を高める要因のひとつに「生理的・情動的喚起」を挙げていました。これは、ある行動に伴って喚起される感情を意識すると自己効力感が形成されるという説です。※1

簡単にいってしまえば、好きな音楽を聞いたり、本を読んだりしているときに感動を覚えるといった例が挙げられます。

皆さんも気分転換のために、少しリラックスできる状況で、好きなことに没頭する時間を設けることがあるのではないでしょうか。

その時間によって、仕事へのやる気が湧き、新たな活力が生み出されます。

これは大人だけでなく、子どもも同じこと。困難な課題に取り組んでいる最中でも休憩時間になったなら、目いっぱい好きなことをさせてあげてください。そうすることで自己効力感が高まり、勉強などにも集中しやすくなるのです。

※1 アルバート・バンデューラ編, 1997,『激動社会の中の自己効力』金子書房

目標

小さな目標をクリアして成功体験を積み重ねる

スモールステップを実践しよう！

子どものみならず、大人にとっても成功体験はモチベーションの糧となります。ひとつのことがうまくいくと、気分が晴れやかになり、さらに次のことへ取り組む力となって、意欲的な行動を促します。

この成功体験は、物事が大きくなればなるほど効果が大きいと考えられがちですが、大きな成功をつかむためには、階段をひとつずつ登るようにして、少しずつ小さな課題をクリアするプロセスを踏んでいるはずです。

この小さな課題に着目したのが、行動分析の創始者でもあるバラス・スキナーというアメリカの心理学者です。彼は小さな課題をクリアしていく方法を取り入れ、成功体験を積み重ねてやる気を引き出す「スモールステップ」を提唱しました。※1

実践方法は非常に簡単で、大きな目標を達成するために小さな課題を設けて、それをひとつずつ解決していくというものです。

たとえば、部屋をひどく散らかしてしまった子どもを想像してください。ゴミだらけの状態ですから「キレイにしろ」といわれても、なかなか行動に移すことができません。

そこで、まずは「机の上のゴミだけ捨ててみよう」と小さな目標を立てます。こうすれば、それほど苦もなく目標を達成できます。

こうして大きな目標に向かうためのプロセスを細かく分けて、小さな目標を少しずつ立ててあげることで、成功体験を積み重ねていくことができます。

そして、成功体験を繰り返した結果、自己効力感が高まり、物事に自然と取り組む意欲が湧いてくるのです。

※1 瀧川佳苗・鈴木俊太郎, 2016,「スモールステップ方略が目標達成に及ぼす影響」『信州心理臨床紀要』第15号, 23-34.

目標

自発的な意欲を湧かせるポジティブ・フィードバック

結果だけでなく過程に注目する

人が内面から起こった意欲や関心によって、自主的に物事に取り組むようになる心の動きを「内発的動機づけ」と呼びます。これは外からの報酬のためではなく、自分の興味や楽しさなど自発的な力を重視した心の働きです。内発的動機づけの重要なポイントは、「親に言われたから」などの外的要因ではなく、あくまで個人が自発的に認知することにあります。※1

とはいえ、こうした自発性を促すためには、親や教師など周囲からのサポートが大きな要因となります。注意したいのは、「何かをやりなさい」という命令ではなく、

※1 外山美樹ら, 2017,「プロセスフィードバックが動機づけに与える影響」『教育心理学研究』第65巻, 321-322.

子ども自身の意欲や関心を刺激するという点です。

そのために有効だとされているのが、「ポジティブ・フィードバック」という方法です。これは、成功・失敗にかかわらず、結果や過程に対してポジティブな評価を与えて、相手の内発的動機づけを喚起するというものです。いわば、ほめるという行為と非常に近い方法です。

たとえば、算数が苦手な子どもが勉強をがんばったのに、テストで平均点にギリギリ届かなかったとしましょう。

そのときに「もう少しがんばろうね」などと声をかけると、その結果に対してネガティブな評価を下したことになります。この場面でポジティブな評価をするとしたら「勉強をがんばっていた」という点が目立ちます。

そこで、「テスト前の勉強をよくがんばったよね！」と、まずは明らかにポジティブだと思われる点を評価しましょう。このように、結果だけでなく過程についても着目することがポジティブ・フィードバックの大切なポイントです。

目標

親の〝適度な〟やる気が子どものチャレンジ精神を伸ばす

子どものやる気は親の態度に左右される

これまで本章で述べてきたように、目標を達成する力を伸ばすために必要なことは、目標を達成する学力や技能を身につけることではなく、子どもが自発的にチャレンジできるような心理的な安心感を生み出すことです。

チャレンジには、成功も失敗もあります。しかし、結果として失敗してしまったとしても、困難な課題に対してやる気をもって取り組んだというプロセスは、確実に非認知能力を刺激します。

このとき、親や教師がどう子どもにかかわり何を求めるかが、非認知能力が成長するか、しぼんでしまうかの分かれ目になります。
子どものやる気は、親や周囲の大人の態度によって大きく左右されるのです。

親のやる気が高すぎると逆効果になることも

アメリカの心理学者デイビッド・マクレランドは、人が何かを達成し成功しようと努力する欲求のことを**「達成動機」**と呼びました。ここでは達成動機のことを、やる気とほぼ同じ意味だと考えて構いません。
マクレランドは、母親の達成動機が高い順に「極めて高い」「高い」「平均を上回る」「平均を下回る」という4つのグループに分けて、子どもの達成動機の得点を調査しました。[※1]
その結果、「極めて高い」グループは、「平均を下回る」グループよりも子どもの達成動機が著しく低下することがわかったのです（図3－9）。
原因として、親があまりに高い達成動機を抱いているため、子どもに対する関心よ

※1　宮本美沙子, 1981,『やる気の心理学』創元社

りも自身の成功に対して強く関心を抱いているのではないかとマクレランドは指摘しています。

心理学者の宮本美沙子は図3－9について、次のような指摘をしています。

「（母親が）あまりにも高い水準で子どもに多くの要求を出しすぎると（たとえば、水準の高いところへの進学を夢見るなど）、子どものほうの『やる気』は最低水準になる可能性を示している。毎日の生活の中で、その子の経験できる成就の喜びを与えられないときは、子どもは『やる気』どころか絶望しか経験できない。本物の『やる気』はもっとゆとりあるところから生まれるものである」

親は受験などでしばしば子どもに高い水準の期待をかけがちですが、「子どもたちの日々の成就」を大切に、適度な（いい加減の）期待をもつことが子どもの達成意欲につながるということをこの研究は示唆しています。

一方で、マクレランドの研究では「平均を下回る」グループでも子どもの達成動機は小さくなっています。つまり、親のやる気を押しつけすぎたり、まったくやる気がなかったりすると、子どものやる気にマイナスの影響を及ぼすことがわかります。

図3-9　子どもと母親の達成動機の関係

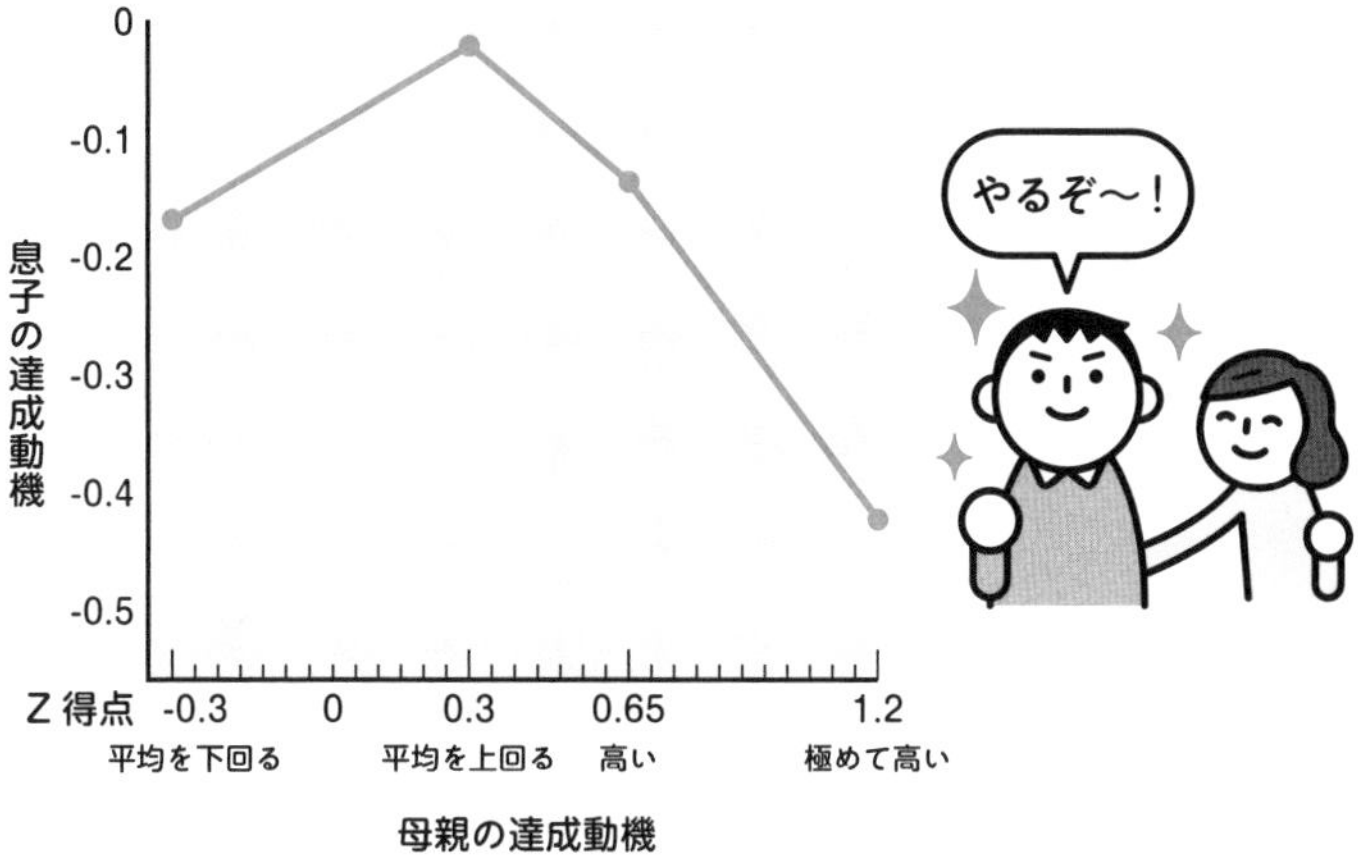

その後の研究で、子どものやる気が高い親は、「自分の子どもはできる」という信頼と、取り組みに対する「あたたかい励まし」を与えていることがわかりました。

これらの結果から、親は、子どもが挑戦するときに「信頼し、あたたかく見守って、助けを求めたときは惜しみなく手を貸す」という態度が好ましいと考えられます。

親のやる気と子どものやる気。それが歯車のようにうまくかみ合ったとき、子どもの非認知能力は飛躍的に成長するのです。

＼教えて、ハマノ先生！／

Q 年齢や性別によって親の接し方は変えたほうがいいですか？

A 基本的なかかわりは同じ。男女の脳のちがいは覚えておきましょう。

年齢によって、親が基本的なかかわり方を変える必要はないと思います。ただ、子どもは成長につれて態度や言動が変化していくので、その変化に合わせながら**受容的な態度**を示すことがポイントになります。

ただ、男女によって、脳のはたらき方にちがいがあることは覚えておくといいでしょう。男の子に多いのは、モノの動きや因果的な成り立ちに敏感な**「図鑑型」**、女の子は人間関係に敏感で、感情表現を重視する**「物語型」**だといわれています。※1

とくに「図鑑型」は内気な子が多く、男の子は脳の成熟が女の子よりも遅いとされています。そのため幼児期では、男の子のほうが言語などの発達が遅れやすく、友だちなどもできにくいとされています。ただ、それはあくまで成長の過程なのであまり心配せず、あたたかく見守りましょう。

※1 内田伸子, 2020,『AIに負けない子育て ～ことばは子どもの未来を拓く～』ジアース教育新社

Part 3

Chapter 3

「他者と協働する力」を伸ばす方法

協働

ハーバード大が実証！幸せの源泉は対人関係にアリ

幸せに迫った史上最長の発達研究

人はどうすれば幸せになれるのか。

そんな壮大なテーマに挑んだ有名な研究があります。かの有名なハーバード大学で1938年にはじまった「成人発達研究」です。

史上最も長く人間発達を追跡したとされるこの研究では、対象者の一生を幼少期から老年期に至るまで追って、人の幸せにはどんな要因が影響を与えるのかに迫りました。

その結果、人の幸せに大切なのは仕事の成功や収入の多さ、ＩＱといった指標ではなく、「良い人間関係を築くこと」だと結論づけています。

ハーバード大が説く対人関係の3つの教訓

では、この研究でいう良い人間関係とは、どのようなものでしょうか。

同研究の4代目責任者であるロバート・ウォールディンガーは、「TED（Technology Entertainment Design）」と呼ばれるアメリカの講演番組のなかで、人の幸せには3つの教訓があると述べています。※1

①良好なコミュニティ

家族や友人などの社会的なつながりが良好な人ほど、身体的に健康であり、孤独を感じている人ほど早く亡くなってしまうとされています。

②人間関係のクオリティー

良い人間関係というのは、友人が多かったり結婚していたりするだけでは、大きな

※1 TED talks
https://www.ted.com/talks/robert_waldinger_what_makes_a_good_life_lessons_from_the_longest_study_on_happiness/c

意味はありません。愛情が乏しく、不仲な夫婦は不健康になることがわかっています。人とどれだけ親密な関係を築けるかが大切だとされています。

③ 良い人間関係が脳を守る

この研究では「こまったときに助けてくれる」「信頼しきった人がいる」という人は、記憶が長持ちすることもわかりました。

逆に「誰も信用できる人がいない」という人は、より早く記憶力の低下が起こっていることも報告されています。

幼少期から青年期にかけては、夢の実現や将来の成功を幸せの基準におくことが多いでしょう。しかし、長い目で見れば、人の幸せは他者とのかかわりのなかにあるといえるのです。子育てにおいても、このことは強く意識しておくとよいでしょう。

人とのふれあいが非認知能力を高める

図3-10 何でも話せる友人がいると回答した人の充実感

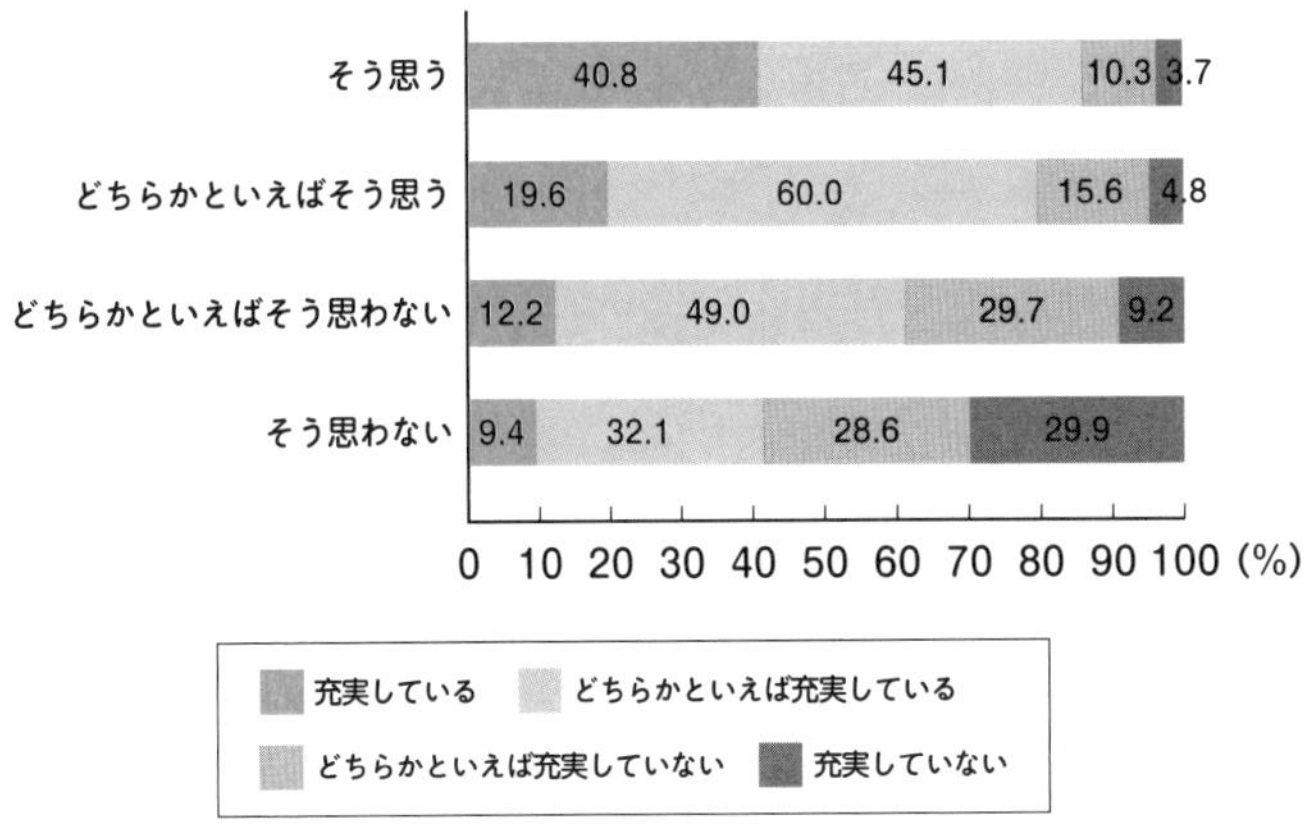
そう思う
40.8
45.1
10.3
3.7
どちらかといえばそう思う
19.6
60.0
15.6
4.8
どちらかといえばそう思わない
12.2
49.0
29.7
9.2
そう思わない
9.4
32.1
28.6
29.9
0 10 20 30 40 50 60 70 80 90 100 (%)
充実している
どちらかといえば充実している
どちらかといえば充実していない
充実していない

日本でもハーバード大学の成人発達研究と同様の傾向が示唆されています。内閣府の調査によれば、若者は「何でも話せる友人がいる」人のほうが、生活が充実していると回答し、逆にいないと回答した人は生活に充実感を見出せていないことが明らかになっています。※2

生活の充実感は、自発的な行動を生み出す原動力となり、結果的に非認知能力を高める要因になります。つまり、人とのあたたかなふれあいや、良好なコミュニケーションこそ非認知能力を伸ばす力となるのです。

※2 内閣府『平成29年版 子供・若者白書』

協働

幼児期は思いきり遊ばせて自主性と共感性を育む

遊びの体験を親も共有しよう

人とより良い関係を築くことの重要性はわかりました。では、そのためには何が必要でしょうか。人間関係において大事な能力のひとつに他者の感情に寄り添い、思いやりをもって接するための共感性が挙げられます。

子どもの共感性を高めるためには、Ｐａｒｔ1でも述べた「共有型しつけ」（Ｐ52参照）が最適だと筆者は考えています。

子どもにとって、最初に人間関係を築かなくてはならないのが親です。また、最も身近な相手でもあります。子どもは親が自分とどう向き合って、どう接しているかを見て、自身の行動に反映させる傾向が強いと考えられます。

そのため、親が子どもと話したり、遊んだりする時間を楽しむ「共有型しつけ」が、子どもの共感性を育むのに理想的なのです。

重要なのが、**子どもの遊び**です。

遊びは、自身の興味・関心から起こる自発的な行動です。遊びのなかでは緊張や歓喜といった、さまざまな感情が体験できます。

こうした感情などを見守ってくれたり、あたたかく声をかけてくれたりする親がそばにいると、子どもは感情を共有するという体験をします。そしてこの体験こそが、共感性を育む第一歩だといえるでしょう。

こうして育まれた共感性は、人とのふれあいだけでなく、学力にも影響を与えています。実際に、**偏差値68以上の難関大学に合格した子どもは、幼少期に思いきり遊んだという人が多い**という研究もあります。[※1]

子どもの自主性や共感性を伸ばすためには、遊びの時間を大切にし、できる限り親も一緒に体験を共有することが大切なのです。

※1 内田伸子, 2017,「学力格差は幼児期から始まるか？」『教育社会学研究』100, 108-119.

協働

他者とのかかわり方を学ぶ「ごっこ遊び」の効果

社会的なルールや利他的な行動を自然と学ぶ

幼児期の代表的な遊びに、ごっこ遊びがあります。わたしたちは世代を問わずに、誰もがおままごとやヒーローごっこなどを経験してきたと思います。

普段子どもが何気なくしているごっこ遊びですが、実は社会的なルールを認識したり、利他的な行動を促したりするきっかけになるとされています。

ごっこ遊びを通じて、自分がどのような役割を演じれば、周囲との関係を良好にし、楽しく過ごせるのかを学んでいると考えられます。

他者の感情を敏感に読み取って行動する

4歳児を対象にした研究では、日常的にごっこ遊びをしている子どもは、一人遊びをしている子どもよりも他者を援助したり、幸せを願う「愛他性」の高い行動をとる可能性が示唆されています。[※1]

たとえば、友だちがケガをしていたり、一人ぼっちになっている場面に遭遇したとき、「ケガをしていてかわいそうだから」「一人ぼっちは悲しいと思うから」という共感的な動機を抱きやすいとされています。

このとき、子どもは自分の損得ではなく、友だちが何を求めているか、何を感じているかを敏感に読み取りながら、自身の行動を規定しているのです。

幼児期のごっこ遊びは、子どもの共感性や他者とのかかわり方を学ぶ絶好の機会。とくに、共感性を育むことに着目すると、友だちと一緒にできるごっこ遊びが好ましいと考えられます。

※1 石橋尚子, 1999,「幼児の愛他心の発達におよぼすごっこ遊びの効果」『子ども社会研究』5号, 21-28.

協働

愛着を形成して共感性を高める親子のコミュニケーション

家にいるときは積極的にコミュニケーションを！

共感性や他者と協働する力に深く関連していると考えられているのが、Part1で解説した愛着（アタッチメント）（P48参照）です。

愛着が根づき、親子の信頼関係が形成される過程にコミュニケーションは欠かせません。それは、まだ言葉がしゃべれない乳幼児期でも同じです。

幼児研究の第一人者でもあるアメリカの発達心理学者エドワード・トロニックは「いないいないばあ」の場面を観察して、生後3ヵ月の子どもと母親の絆が形成され

ていく双方向コミュニケーションについて解明しようとしました。※1

そのなかで、トロニックは「乳幼児には豊かな感情が備わっていること」「母親はその子の感情に合わせて注意を払って対応していること」に気づきました。

こうした双方向のコミュニケーションは、子どもの感情を安定させるように神経回路の発達を促し、愛着の形成につながるとされています。

また、アメリカの小児外科医ダナ・サスキンドは、親と子どもの話す機会が多いほど、子どもの語彙力が高まることを指摘しています。※2

語彙力が高まると、子どもは自分をコントロールする力が身につくと考えられます。なぜなら、人は自身をコントロールするとき、脳の中で言語を用いているからです。

何よりも親と子がたくさん話をすること。とくに家に一緒にいることが多い乳幼児期は積極的にコミュニケーションを取るように心がけましょう。

※1 ジョン・メディナ著・栗木さつき訳, 2020,『100万人が信頼した脳科学者の絶対に賢い子になる子育てバイブル』ダイヤモンド社
※2 ダナ・サスキンド著・掛札逸美訳, 2018,『3000万語の格差——赤ちゃんの脳をつくる、親と保育者の話しかけ』明石書店

協働

カウンセリング技法に学ぶ子どもの話の聴き方

言葉を「受け取って投げ返す」までが大切

当然のことですが、コミュニケーションでは「話す」以外にも「聴く」という行為が必要です。

自分の話ばかりをする人と一緒にいて、疲れてしまったことはないでしょうか。これは相手に「聴く」姿勢が欠けているので、コミュニケーションが成立していないせいで起こる現象です。

コミュニケーションを豊かにするためにも子どもと話す際にはしっかりと「聴く」ことが重要になります。

「いつも話しているのだから、当然子どもの話を聴いている」と思う方もいるかもしれませんが、きちんと耳を傾けて聴く姿勢になっているのかまで考えることは、意外と少ないのではないでしょうか。

家事をしているとき、子どもが何かを話しかけていて、よく聞こえてもいないのに適当に返事をしてしまうことはありませんか？　あるいは、「忙しいからあとにして」と話をさえぎってはいませんか？

このような聞き方では、しっかり聴いたとはいえません。コミュニケーションとは、キャッチボールのように「投げる→受け取る」だけでなく、さらに「受け取ってから投げ返す」という双方向のやり取りによって成立するからです。

カウンセラーが実践する「傾聴」

心理カウンセリングでは「聴く」という行為が、基本的な技術として重視されています。よく「傾聴」などと表され、カウンセラーや看護師が臨床場面でよく用いています。

その重要性を提唱したのが、カール・ロジャーズというアメリカの心理学者です。ロジャーズは傾聴の原則として「共感的理解」「無条件の肯定的関心」「自己一致」を挙げています。※1

①共感的理解：相手の立場に立って、気持ちに共感しながら理解しようとすること
②無条件の肯定的関心：相手の話を善悪の評価や好き嫌いの評価をせずに聴くこと
③自己一致：真摯な態度で、話がわかりにくいときは聞き直して真意を確認すること

いまでは、ロジャーズの理論を発展させて、具体的な方法論が生み出されています。左の図3－11はカウンセラーのためのテキストから抽出したものなので、なかには専門的な技法も含まれています。

ただ、日常的な場面でも1～4までのポイントは比較的実践しやすいはずです。ぜひ子どもとのコミュニケーションに役立ててください。

※1 厚生労働省『働く人のメンタルヘルス・ポータルサイト こころの耳』
https://kokoro.mhlw.go.jp/listen/listen001/

図3-11 傾聴のポイント

Point 1 受容・同調

子どもが話しやすい雰囲気をつくる。相手の話や態度を受け入れて、まずは同調するようにする。

Point 2 傾聴

決めつけずに話をよく聴く。問題を解決しようとせず、良し悪しの判断をしない。

Point 3 うなずき・相づち

関心をもって話を聴いているという態度を示すため、話にうなずいたり、相づちを打つ。

Point 4 支持的態度

励ましたり、勇気づける言葉を投げ返す。否定したり、自分の価値観を押しつけない。

Point 5 質問・リード

話したいことを話せるように誘導するような質問をしたり、返答したりする。

例）相手が使った言葉を繰り返す、相手が使った言葉を自分の言葉で表現し直す etc

Point 6 リソース

相手がもっているものを気づかせる。

例）「あなたには頼れる友人がいる」「あなたはやさしい気持ちをもっている」etc

Point 7 フレーミング

相手が否定的な言葉を口にしたら、同じ事実であっても枠組みを変えてあげる。

例）「～しかない」といったら、「～もある」と枠組みを変える

Point 8 励まし・助言

相手を励ます。助言は、相手の話のなかから生じたポジティブなものを支持する言葉が好ましい。

協働

傾聴に必要な聴き手の姿勢
フォーカシングの基礎理論

うわべのテクニックだけでは傾聴にならない

傾聴において大切なのは言葉のテクニックだけではありません。どのような態度で話を聴いているかという「聴き手側の姿勢」も重視されています。

傾聴の創始者ともいえるロジャーズですが、自身が傾聴を用いてカウンセリングを実践していくうちに、感情がこもっていない言葉だけのテクニックだと捉えられるようになっていくことに気づいたそうです。

そこでロジャーズは、聴き手側の態度に注目するようになりました。そして、次第に相手の話を繰り返すよりも、相手が話そうとしていた真意を汲み取り、それを正確に表現し直す「フォーカシング」に重点を置くようになりました。※1

聴き手が感じた思いも伝える

フォーカシングの大切なポイントは、相手が話していることを自分はどう感じているだろうかと振り返りながら理解していくということです。

また、フォーカシングでは、相手の話を聴いて、自身がどう感じたかを伝えますが、決して価値観を押しつけることはしません。

もし真意を汲み取るのが難しければ「私は○○のように感じたけど、あなたはどう思いますか？」といった提案型で問い直してもいいでしょう。

こうした会話の積み重ねが「聴く」ということの真髄です。すべての会話で実践する必要はありませんが、子どもの話に対して「何を思って話しているのかな？」と考えながら話す習慣を身につけるといいでしょう。

※1 小林孝雄, 2016,「ロジャーズ理論から見たセラピスト・フォーカシングの意義」『生活科学研究』第38集, 89-98.

協働

非言語コミュニケーションで感情を共有しよう

LINEスタンプなどのツールを活用しても◎！

人間のコミュニケーションにおいて、言語によって真意が伝わるのは7％。

Part2でも触れましたが、人は言葉以外にも話している状況や相手の仕草、または体臭なども感じ取って、意図を理解しているといわれています。

こうした非言語コミュニケーションは、さまざまな分野の研究者たちによって研究されてきました。

言語によるコミュニケーションばかりが中心に据えられ、非言語コミュニケーションはそれ以外の付属的なものとして語られることが少なくありませんが、非言語コミ

ュニケーションを中心に据える研究も増えてきています。※1

こうした研究によれば、非言語コミュニケーションは、ジェスチャーのような動作のほか、言葉の抑揚や音質なども深く関連しているとされています。

教育場面で重要なのは、言語以外において、子どもが安心できるかかわりを示すことができるかどうかです。「頭をなでる」「抱きかかえる」などは、わかりやすくポジティブな例ですが、子どもが親との距離を感じている場合は逆効果になります。

つまり、非言語コミュニケーションは、誰に対しても同じように効く万能薬ではないのです。

最近では、ＬＩＮＥのスタンプなどで簡単に感情を示すこともできるようになりました。実は、このスタンプも非言語コミュニケーションのひとつです。

思春期を迎えた子どもがいると、面と向かって素直に感情を伝えることが難しいこともあるでしょう。そんなときはＬＩＮＥスタンプや顔文字などで、思いを伝えてもいいかもしれません。

※1 水沼和夫, 2003,「非言語コミュニケーションの教育研究領域について」『八戸工業大学異分野融合科学研究所紀要』第1巻, 33-37.

協働

親が「ありがとう」を使って子どもの感謝の気持ちを育もう

家庭内での「ありがとう」を大切に

日本語には、感情を表して人間関係を円滑にする言葉がたくさんありますが、そのなかでも日常的によく用いられるのが「ありがとう」です。

もともと「めったにない」という意味の「有り難し」を語源としており、仏教語として生命の驚きと感動を伝える言葉だったともいわれています。

世界中の言語にも「ありがとう」と同様の言葉があるように、感謝の気持ちを伝えることは古くから重要視されてきたと考えていいでしょう。

心理学でも、**感謝の気持ちは肯定的な感情のひとつ**とされています。

誰かに対して自発的に「ありがとう」と言うためには、相手が意図的に自分を手助けしてくれたという認識が必要であり、**人の思考や感情を推測するという共感性の能力が必要**になります。

逆にいえば、「ありがとう」を自発的に口にできる機会が多いほど、共感性を源泉とした感謝の気持ちが育ちやすいともいえるでしょう。

実際に、2~5歳までの子どもと親を対象にした研究では、親が「ありがとう」と言う機会が多かったり、家庭内で「ありがとう」と言えるような機会が多いほど、子どもの感謝の気持ちが育ちやすいと報告されています。※1

世界的に見ても「ありがとう」は美しい日本語のひとつだと思います。まずは親が積極的に使って、子どもに感謝の気持ちを伝えるといいでしょう。

※1 有光興記, 2010,「ポジティブな自己意識的感情の発達」『心理学評論』第53巻, 1号, 124-139.

協働

言動の影響を説明する「誘導的しつけ」のコツ

親子で感情を伝えあう

子どもと接するとき、親が感情的に叱ったり怒鳴ったりすると悪い影響を及ぼしますが、感情を言葉にして伝えることは決して悪いことではありません。

いくら親だといっても、悪いことが重なってイライラしてしまう日はあります。そんなとき、感情を隠して無理するよりも、「今日はイヤなことばかりでちょっとイライラしてるの」と素直に子どもに伝えて構いません。

ただし、もちろん怒鳴ったりするのではなく、あくまで冷静に言葉にすることが前提です。

また、子どもの様子がいつもとちがったり、つらそうにしていたりしたら「少しつらそうだけど何かあった？」などと、子どもの感情を聞いてあげましょう。

発達心理学者のスチュアート・ハモンドは、こうした会話が「人の感情を理解して気づかう能力を高める」と指摘しています。※1

自身の言動が他人に与える影響を説明する

こうした会話の方法は「説明的しつけ」や「誘導的しつけ」などと呼ばれています。これまで解説してきた「共有型しつけ」と似ていますが、このしつけ方はより親子の会話のあり方を具体的に研究したものです。

とくに共感性や思いやりといった、子どもの向社会的行動を促すしつけだと考えられます。

誘導的しつけを提唱したのは、アメリカの心理学者であるマーチン・ホフマンです。ホフマンによれば、誘導的しつけは、何が起こったか事実を確認し、相手の気持ちを

※1 メリンダ・ウェナー・モイヤー著・塩田香菜訳, 2022,『うちの子、このままで大丈夫？がスーッと消える 科学的に正しい子育ての新常識』ディスカヴァー・トゥエンティワン

考えさせたり、何ができるかといった本人がするべきことを考える方向に誘導するとされています。

たとえば、子どもが他人の家の前でボール遊びをしていて、いつ窓などに当たって壊してしまうかもしれない状況だったとしましょう。

そのとき、親が「こら、やめなさい！」と怒鳴ってやめさせるのではなく、「窓にボールが当たって壊れたら、あの家の人がこまってしまうから、ここではやめようね」とやめなくてはならない理由をきちんと説明することが大切です。

こうして理由づけをすることで、子どもは自身の言動が「誰かに、どんな影響を及ぼすか」を考えるようになります。その後の研究では、誘導的しつけをしていた家庭のほうが、子どもの共感性や思いやりといった能力が高いこともわかりました。

しつけは、子どもが行動を考える契機

また、ホフマンの理論に基づき、心理学者のクレヴァンとギブスは子どもが悪いことをしたときに親がどうするのか調査・研究しました。※2

この研究では、親のしつけを「他者志向的誘導（犠牲者の気持ちに目を向けさせる）」「権力主張（罰を与えるなどという）」「愛情を与えない（無視するなど）」の3グループに分類。それぞれ子どもにどのような影響を及ぼすのか分析しました。

それによると、「他者志向的誘導」のグループに属する子どもは、共感性を示す得点が高いことが報告されています。

しつけは、子どもの行動を制限することが目的ではありません。行動の結果がどのような影響を及ぼすのか、子ども自身で考えるきっかけを与えることが大切なのです。

※2 小塩真司編著, 2021,『非認知能力 概念・測定と教育の可能性』北大路書房

協働

子どもだけではなく親も一緒に共感性を高める

「子育て」で親も子も育つ

子どもの共感性は、親の共感性にも左右されると考えられています。

発達心理学者のフェッシュバックは、親の共感性が子どもの発達にどのような影響を与えるのかを研究するため、8歳から11歳の子どもとその両親を対象にして調査を行いました。

その分析結果によると、共感性が高い親の子どもは感情や行動を自分でコントロールできる傾向が高く、攻撃的行動や抑うつ傾向、社会的な孤立などの不安が少ないことが指摘されています。※1

※1 小塩真司編著, 2021,『非認知能力 概念・測定と教育の可能性』北大路書房

つまり、親の共感性が子どもの自制心や感情コントロール力などにも影響を与えていると考えられます。

一方、日本で行われた研究では、親が子どもと一緒に遊び、ほめたり慰めたりすることによって、子どもが他者とうまくかかわれるようになるとされています。※2

具体的には「苦手なことに挑戦していたら励ましたり、ほめたりする」「不安になっているときは身体に触れたり、大丈夫と言ったりして安心させる」といった、親のあたたかいかかわりが、子どもが他者とのコミュニケーションを円滑にする可能性が示されました。

子育ては、親が子どもに何かを与え続けるのではなく、**子どもと一緒に親も育っていく**ことが大切です。

非認知能力はいくつになっても高まります。親子で感情を共有する体験をすることで、お互いに共感性を高められるのです。

※2 高木真理子, 2014,「幼児期の親の関わりと子どもの行動―親アンケートによる探索的予備調査―」『越谷保育専門学校研究紀要』第3号, 24-31.

協働

共感性が生み出す正しいプライド

誇りは誰かのために行動する力になる

子どもの共感性は、「自分の行動が他人にどんな結果をもたらすのか」を認識することからはじまります。つまり、自分の行動が社会的なルールやマナーに沿っているのか、他人に不利益を生じさせないかを理解する能力ともいえるでしょう。

こうした能力によって、子どもには誇りが形成されていきます。近年の研究によって、誇りは子どもが自身の行動を振り返って、その良し悪しを判断し、向社会的行動を促すことが明らかにされています。※1

また、誇りは親にほめられたりすることで発達し、成功体験によって肯定的な感情を認識しやすくなることも報告されています。

※1 有光興記, 2010,「ポジティブな自己意識的感情の発達」『心理学評論』第53巻, 1号, 124-139.

誇りと思い上がりのちがい

誇りは、一般的によく「プライド」とも表現されますが、この言葉は肯定的にも否定的にも捉えられることがあります。プライドが高すぎる人が苦手だという人も多いのではないでしょうか。

実は、私たちが高すぎるプライドだと感じているものは「誇り」ではなく、「思い上がり」かもしれません。思い上がりを調査した研究によると、思い上がりが強い人は自尊心が高い一方で、失敗すると情緒が不安定になったり、他人に攻撃的になったりする可能性が指摘されています。※1

思い上がりを強める要因は、親の否定的な態度や高すぎる期待などが要因だともいわれています。共感性を高めるしつけは、子どもが「正しいプライド」を身につけることに役立つのです。

＼教えて、ハマノ先生！／

Q

子どもが自室にこもってなかなか顔を見せません。どう接したらいいですか？

A

子どもが一人の時間をもつことは大事。一方で、愛着形成も必要。4つの「S」で家庭をあたたかい場所に

子どもが成長してくると、親と距離を取って自分の部屋にいる時間が長くなるのはごく自然なことです。ただ、子どもがあまり親と話さなくなったり、部屋にこもりがちになったりしても、**愛着を必要としている**ことに変わりはありません。アメリカのＵＣＬＡ医科大学のダニエル・Ｊ・シーゲル教授は、子どもが愛着を感じられる子育てのポイントとして、**「見守り（Seen）」「安全（Safe）」「安心（Secure）」「癒し（Soothed）」**という４つの「Ｓ」を示しています。※1

家庭をあたたかい場所にして、いつでも戻ることができる安全な空間にしておくと、子どもも話しやすくなるでしょう。食事中に「おいしいね」、テレビや映画鑑賞をしながらの「おもしろいね」など、ありふれた会話を保ちつつ**「いつも見守っている」というメッセージ**を伝えましょう。

※1 ダニエル・J・シーゲルほか, 2022,『生き抜く力をはぐくむ 愛着の子育て』大和書房

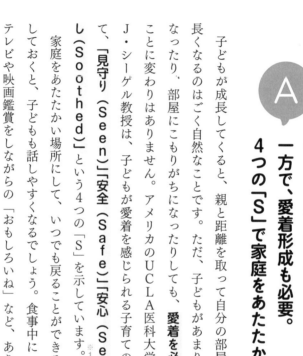

Part 3

Chapter 4

「感情をコントロールする力」を伸ばす方法

感情

感情をコントロールして対人スキルを向上させる

子どもの「自律」を促す

非認知能力のひとつである「社会的スキル」は、おもに対人コミュニケーションの場面で発揮されます。他者が何を考え、何をすれば喜んでもらえるのか。それを認知し、自身で考え、行動する。この一連の行動のなかで、重要になるのが自身の感情や行動をコントロールする能力です。

自己をコントロールする力は、日本語では「自律」とも表現されます。自律とは、他からの支配や助力を受けず、自分の行動を自分の立てた規律に従って正しく規制すること。自分一人の力で物事を行う「自立」とは、やや意味合いが異なります。

非認知能力の研究が盛んになるにつれ、近年はさまざまな角度から感情コントロールの解明が進められています。

最新の研究でわかった感情知性

その代表例が「感情知性（EI）」です。※1 EIとは、感情を理解したり制御する能力のことで、イェール大学の感情知性研究センターが提唱したRULERプロジェクトにおいて研究が進められています。RULERとは、感情知性を高める5つのスキルの頭文字をとったものです（図3－12）。

EIには次の4つのステップがあるとされています。

①**情動の知覚**：自己と他者の情動を正しく知覚する。
②**思考の推進**：情動情報を利用して思考を進める。
③**情動の理解**：情動や情動間の関係を分析し、それによって起こりうることを察知。
また、その結果を理解する。

※1 イェール大学「RULERアプローチ」
https://www.rulerapproach.org/

④ **情動の管理**：感情を回避したり、自己の平静のために価値判断をし直したりする能力を含む。

このように、感情知性は自身が何を感じているかを認識することが第一歩になります。アメリカでは感情知性の研究が教育現場でも行われ、自身の感情を知るために「ムードメーター」という指標が用いられています。

これは「ＥＮＥＲＧＹ（健康状態）」と「ＦＥＥＬＩＮＧ（気分）」を得点化して、その時点での自身の幸せをわかりやすく見える化するものです。

たとえば、朝起きたときの状態を判断すると仮定しましょう。「今日はよく寝たけど、少し体が痛い」という場合のＥＮＥＲＧＹレベルは10点中6点という得点をつけます。

一方、ＦＥＥＬＩＮＧレベルを「朝陽がきれいで空気がおいしいので気分がいい」ので10点中8点などと採点。その両方をかけ合わせた得点によって自分の感情を知る

図3-12 感情知性を高めるRULERアプローチ

Recognizing（認知）：自分や他人の感情を読む
Understanding（理解）：感情の原因や推移を考える
Labeling（識別）：感情を表す適切な言葉を選ぶ
Expressing（表現）：目的に合った感情表現をする
Regulating（調整）：感情を整えて行動を選ぶ

ことができます。

このように自身の健康状態や気分を得点化するには、周囲の環境や状況を考え、どうして自分がそのように感じているかを言葉にするという過程が必要です。これが感情知性を高めるRULERアプローチの実践になります。

ご家庭では必ずしも指標を用いる必要はなく、子どもと一緒にそのときの感情を話し合うだけでも構いません。子どもに自身の感情を認知させて、なぜその感情になっているかを考える機会を設けてみるといいでしょう。

感情

感情をラベル付けして子どもの感情認知を促進する

明確な言葉で言い換えてみよう

RULERアプローチでは、感情を認知して言葉で表現することを重視します。ただ、実際に「今はどんな気分？」と尋ねるだけでは、子どもが自身の感情に向き合って、言葉で表現するのは難しいかもしれません。

そこで親ができるのは、子どもがどんな感情を抱いているのか汲み取って「ラベル付け」をしてあげること。そのためには子どもの態度をよく見たり、話を聴いたりして、その感情を明確な言葉にして表現する手伝いをしてあげましょう。[※1]

※1 ジョン・メディナ著・栗木さつき訳, 2020,『100万人が信頼した脳科学者の絶対に賢い子になる子育てバイブル』ダイヤモンド社

図3-13 ラベル付けの例

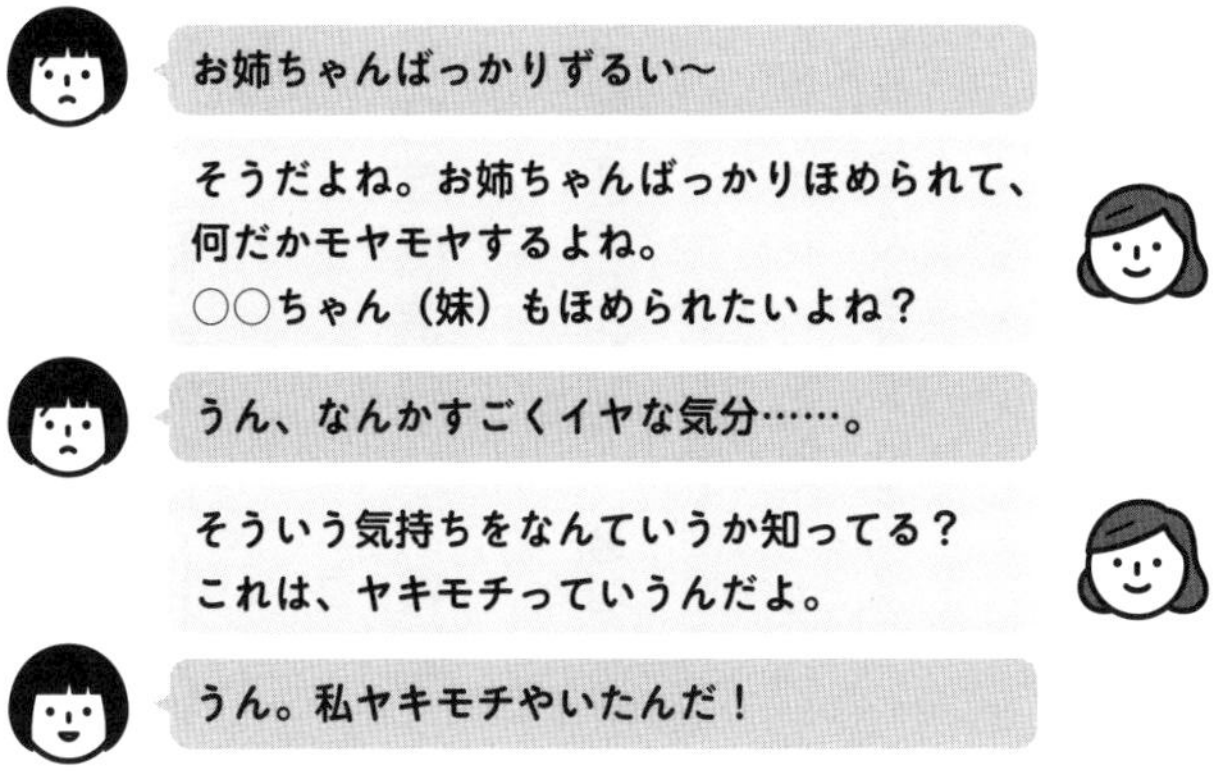
お姉ちゃんばっかりずるい〜

そうだよね。お姉ちゃんばっかりほめられて、何だかモヤモヤするよね。○○ちゃん（妹）もほめられたいよね？

うん、なんかすごくイヤな気分……。

そういう気持ちをなんていうか知ってる？これは、ヤキモチっていうんだよ。

うん。私ヤキモチやいたんだ！


たとえば、姉妹のうち、お姉ちゃんがいいことをして親にほめられたとします。妹は姉だけがほめられている状況がおもしろくないので、不機嫌になってかんしゃくを起こしてしまいました。

そんなときは、上図のように声をかけて感情のラベル付けをしてみましょう。

ポイントは、一度「そうだよね」と子どもの感情を受け入れて共感的に接すること。とくに子どもの年齢が大きくなると感情が複雑化するので、上記のようにすぐに理解することは難しくなります。その場合は、共感して話しやすい雰囲気をつくり、話をよく聴いてからラベル付けしてあげるといいでしょう。

感情

感情コントロールの土台となる自尊感情の「そばセット」

自尊感情の二つの顔

自分の感情を認知して、適切にコントロールする能力には、自身をありのままに受け入れる自己肯定感が強く関連しています。

自己肯定感は、自尊感情とも呼ばれ、これまでの研究によって次のような二つの側面があると考えられています。

①他者との比較や他者からの評価を通じて自分を「より良い」存在であると認識すること。

②ありのままの自分を「これで良い」と自己受容すること。

つまり、自身の奥深くに存在する基本的な感情と他者とのかかわりによって認知される感情に分けられるのです。

自尊感情の理想的なバランス

日本の心理学者である近藤卓は、この概念をさらにわかりやすく次のように分類しました。※1

① 社会的自尊感情

うまくいったりほめられたりすると高まるが、失敗したり叱られたりするとしぼんでしまう、状況や状態に支配される一過性の感情。

② 基本的自尊感情

自分の良いところも悪いところも含めて、あるがままの自分を受け入れ、自分をかけがえのない存在として認める永続的な感情。

※1 近藤卓, 2013,『子どもの自尊感情をどう育てるか そばセット（SOBA-SET）で自尊感情を測る』ほんの森出版

①の感情は社会的（Ｓｏｃｉａｌ＝ＳＯ）、②の感情は基本的（Ｂａｓｉｃ＝ＢＡ）なので、この二つを合わせて「そば（SOBA）セット」と名づけられています。

二つの自尊感情は常に相互に関係し合っており、基本的自尊感情を土台にして社会的感情が乗っているイメージです。

近藤は、そのバランスによって、自尊感情が適切かそうでないかが判断できるとしています（図３－14）。

最も問題があるのはＣのパターン。自尊感情が両方とも小さいので、自分自身を認められず、他者から評価されているとも感じられない状態です。

また、失敗や挫折に弱いのはＤです。社会的自尊感情が大きいのですが、基本的自尊感情が小さいので、土台がもろく、すぐに揺らいでしまうからです。

逆に社会的自尊感情は小さくても、基本的自尊感情が大きいＡのようなパターンは

図3-14 基本的自尊感情と社会的自尊感情のバランス

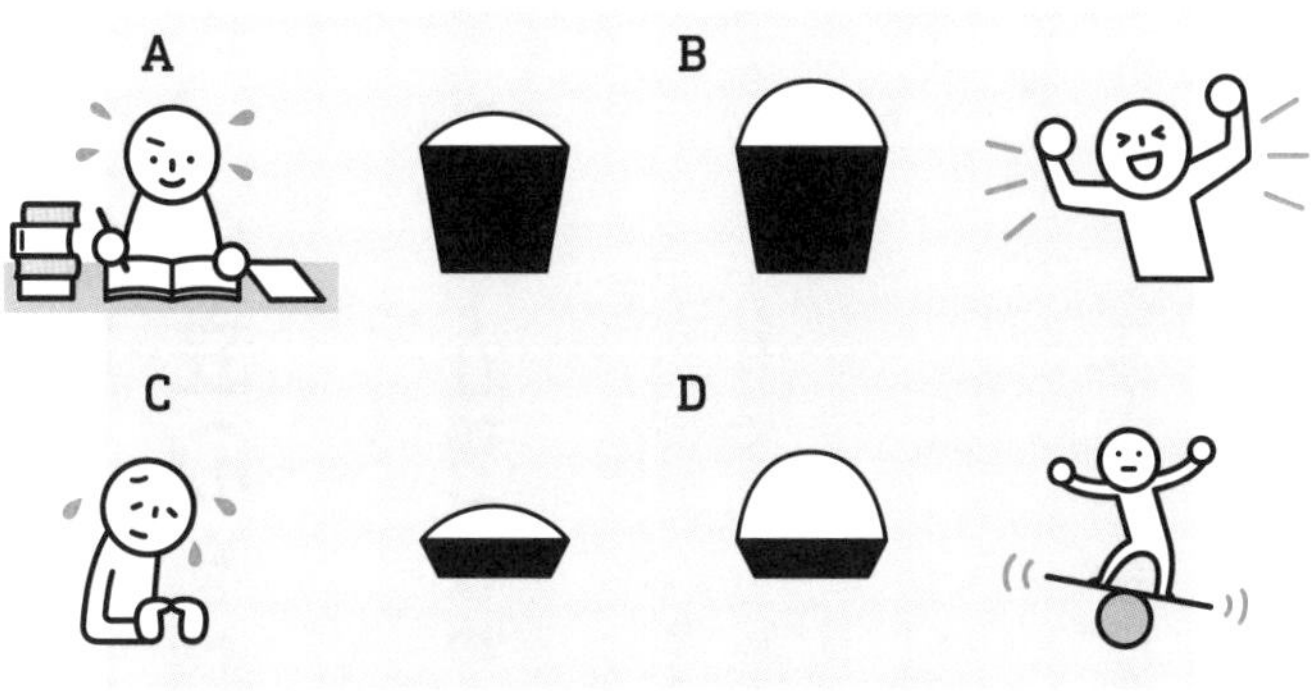

■ 基本的自尊感情　□ 社会的自尊感情

あまり揺らぐことがありません。そのため、失敗をして社会的自尊感情がしぼんでしまっても、努力次第で盛り返すことができます

もっとも理想的な状態は、Bのように両方とも大きく、バランスが取れている自尊感情です。

こうした自尊感情のバランスは、状況や環境によって変化しています。ただ、基本的自尊感情は土台となる部分で、社会的自尊感情よりも安定的です。そのため、子どもの教育においては基本的自尊感情を育むことが大切なのです。自尊感情を育てる方法については次項でくわしく解説します。

感情

家庭で役割を与えて自立心を養う「お手伝い」

ポイントは親がほめること

ここからは自己肯定感や自尊感情を高める具体的な方法について紹介していきます。なかでも、最も手軽にできる方法が、家事のお手伝いです。

心理学者の柏木惠子は、子どもが家事を手伝うことで自己肯定感が高まることを明らかにしました。

柏木の研究によれば、子どもが家事を手伝い、自分のしたことが他人の役に立ったという経験を身近ですることで、「自分は誰かにとって必要な存在なのだ」と自覚できるとしています。[※1]

※1 柏木惠子, 2008,『子どもが育つ条件―家族心理学から考える』岩波書店

図3-15 家事の手伝いがもたらす効果

判断力、段取り力の向上

たとえば、食器の上げ下げなどをすると、
できるだけ運ぶ回数を少なくしたり、油汚れが他の食器につかないようにしたり
するために試行錯誤をすることで判断力などが向上する

家族の一員としての責任感がつく

家庭内での役割を任されることで責任感が芽生え、助け合いの精神を学べる

自己肯定感が得られる

家族から感謝されることで達成感を得られ、自己肯定感を高める

自立心が生まれる

家族のために行動を起こせるようになり、積極的な行動を促す自立心を養う

出典：ベネッセ教育総合研究所『小学生のお手伝いは自立心や判断力、自己肯定感を養う絶好のチャンス！』https://benesse.jp/kosodate/202101/20210120-1.html

これは、まさに自尊感情と呼べるもので、さらに親からほめられることで、親子の間における信頼感も高まります。

また、よく家事を手伝う子どもは、社会的な関心が高く、自立心にすぐれていて、物事に積極的になりやすいこともわかっています。

そのほか、マナーや判断力、段取りを決める力なども養われるといわれています。家事は子どもの自己肯定感を高めるだけでなく、さまざまな社会的スキルを学ぶ絶好の機会なのです。

感情

地域ボランティアなどの多様な体験がスキルを伸ばす

自然や地域活動などが効果的

自己肯定感を高めるうえで大切なポイントは、子どもが自身の役割を感じられる体験をどれだけするかという点です。

国立青少年教育振興機構では、こうした子どもの体験を「体験の力」と名づけ、成人したときの社会的地位などとの関連を調査しました。※1

その結果、幼少期にさまざまな体験をしてきた人ほど、最終学歴が高く年収も多いことがわかりました。また、体験が多い人は結婚している割合が高いことも報告されています。

※1 国立青少年教育振興機構, 2010,『子どもの体験活動の実態に関する調査研究』

図3-16 年齢期別に見る体験と自己肯定感との関連

体験の力	小学校に通う前	小学校低学年	小学校高学年	中学校
自尊感情		友だちとの遊び	家事手伝い	地域活動 家族行事
共生感		友だちとの遊び 動植物とのかかわり 地域活動		自然体験 地域活動 家族行事 家事手伝い
意欲・関心		友だちとの遊び 動植物とのかかわり		地域活動 家事手伝い
規範意識	友だちとの遊び 家族行事	友だちとの遊び 動植物とのかかわり	家事手伝い	自然体験 地域活動 家族行事
職業意識			動植物とのかかわり	自然体験 地域活動 家族行事
人間関係能力		友だちとの遊び		自然体験 友だちとの遊び 地域活動 家族行事
文化的作法・教養		家族行事	動植物とのかかわり	地域活動 家族行事 家事手伝い

ここでいう体験には、家事のお手伝いなども含まれますが、とくに非日常に触れることが重要だとしています。小学校低学年までは「動植物とのかかわり」、中学校以上では「自然体験」や「地域活動」などが、ポジティブな影響を与えると考えられます（図3－16）。

つまり、子どもと一緒にさまざまな場所に出かけて、集団行動を経験させることが自己肯定感を高めるきっかけになりうるのです。

感情

言葉を変えて思考も変える！リフレーミングを実践しよう

捉え方次第で考え方と行動が変わる

何事にも「自分には能力がない」「自分はダメだ」などと、ネガティブな発想になってしまう人がいます。このような発想になってしまう原因のひとつに、自己肯定感の低さが挙げられます。

こうした思考を改善する心理トレーニングに「リフレーミング」という手法があります。[※1] この手法は、アメリカのリチャード・バンドラーらによって提唱され、臨床でも広く用いられています。

これはネガティブな言葉を、似たような意味でもポジティブな言葉に変換することで、思考の枠組みをポジティブに変えていくというものです。

※1 竹田葉留美, 2017,「出来事の視点を変えてポジティブに考える～リフレーミングを活用したストレスマネジメント～」『情報の科学と技術』67巻, 3号, 121-122.

図3-17 **言葉のリフレーミングの例**

- **引っ込み思案** ➡ 奥ゆかしい
- **優柔不断** ➡ 慎重、注意深い
- **傷つきやすい** ➡ 感受性が豊か
- **慎重さに欠ける** ➡ 決断力がある
- **図々しい** ➡ 物怖じしない
- **飽きっぽい** ➡ 好奇心旺盛
- **人付き合いが苦手** ➡ 自分の世界を大切にできる
- **おしゃべり** ➡ コミュニケーション力が高い

たとえば、「僕は引っ込み思案だから……」と、あまり外に出たがらない子どもに対して、「ううん、あなたは奥ゆかしいだけなのよ」と、よりポジティブな言葉で枠組みを変えてみましょう。家庭内で実践するときは図3－17を参考にして、自分なりの言葉に言い換えてみてください。

マラソンで「あと1キロもある」か「たった1キロしかない」と捉えるかによって、行動の積極性が変わるように、捉え方を少し変えるだけでポジティブになれることを実感して、少しずつ自己肯定感を高めてあげましょう。

感情

客観的な視点「メタ認知」を養うためのポイント

結果でなくプロセスを見つめ直す

日本人は自己肯定感が低いといわれていますが、おそらく謙遜を美徳する文化的背景が強く影響しているのではないかと思います。

謙遜は相手に対して、自分が思っているよりも少し低く表現することで、コミュニケーションを円滑にする日本的な文化です。そのため、欧米でつくられた自己肯定感尺度では点数が低めに出るのかもしれません。

むしろ日本では、「自分が、自分が」と主張する人のほうが、受け取り方によってはどこか不安に感じるのではないでしょうか。

この不安感の正体に、メタ認知の問題が関連しています。メタ認知とは「自分自身を客観視すること」を指しており、自分が置かれている状況をよく観察して、そのなかで自分がどのような立ち位置にあるのかを理解する能力ともいえます。

メタ認知能力が高い人は、状況に合わせて自分がどう振る舞うべきかを判断して、柔軟な対応を得意としています。日本人的な謙遜は、いわば相手との関係性をメタ認知能力で見極めて、コミュニケーションを円滑にしているのです。※1

子どものメタ認知能力を高めるためには、成功したときも失敗したときも、まずはそのプロセスに目を向けて評価することが大切です。

幼少期は「自分が、自分が」が強く出てしまうことも多いかもしれませんが、小学校高学年から中学生ぐらいにかけては、子どもと一緒にプロセスを考え、どこが良かったのか、悪かったのかを話し合うなど、客観的に見つめ直す機会を設けましょう。

※1 CHILD RESEARCH NET「【データで語る日本の教育と子ども】第3回 自己肯定感が低い日本の子どもたち－いかに克服するか」
https://www.blog.crn.or.jp/lab/11/03.html

＼教えて、ハマノ先生！／

Q 物事の見方が極端です。何とか変えたいのですがどうすればいいですか？

A 客観的に物事を捉える力は多様な考え方に触れる「気づき」で養われます。

自分の認知を客観的に見ることを**「メタ認知」**と呼びます。脳科学者のアルベルト・オリヴェリオは、学習効果や理解度を高めるためには、メタ認知が重要な役割を果たしているとしています。※1

結論からいうと、メタ認知能力は先天的なものではなく、教育やトレーニングによって身につけられるものだとわかっています。そもそも人間の認知能力は、年齢にかかわらず変化するものです。

そのなかで客観的なメタ認知による判断力を養うためには、「認知バイアス」と呼ばれる偏ったモノの見方をしていることに本人が気づいて、それを意識して修正することが大切です。効果的なのは、**さまざまな価値観や思考などに触れること**。ですから、課外活動や地域活動など、自身にはない考え方などに触れる機会をなるべく多くつくりましょう。

※1 アルベルト・オリヴェリオ, 2005,『メタ認知的アプローチによる学ぶ技術』創元社

Part 3

Chapter 5

認知能力も伸ばすためにやるべきこと

学力

世間一般に広まる「親ガチャ」説
親の経済力＝子どもの学力は本当か？

経済力が低くても学力の高い子どもはいる！

マスコミなどでは「親の経済力＝子どもの学力」という話題が上がることがあります。はたして、本当に親の経済力が子どもの学力を決めるのでしょうか。

その答えは「事実ではあるが、すべてではない」といえます。

家庭の社会的・経済的な背景を示す指標に「SES（家庭所得と両親の学歴を合成した数値）」と呼ばれるものがあります。

左図は、SESの数値と『全国学力・学習状況調査』における子どもの正答率との

図3-18 **SESの高い家庭と低い家庭の学力格差**

		国語A	国語B	数学A	数学B
SESが低いグループ	平均得点	70.43	63.14	52.84	38.78
	変動係数	0.28	0.43	0.45	0.5
SESが高いグループ	平均得点	84.76	81.39	77.08	58.9
	変動係数	0.16	0.25	0.24	0.35

関係を示したもの。平均値を見れば一目りょう然で、SESが高い家庭の子どものほうが正答率が高くなっており、経済力が子どもの学力に影響を及ぼすのは間違いないといえるでしょう。※1

しかし、注目すべきは変動係数。これは簡単にいうと「学力のばらつき」を示しています（数値が大きいほどばらつきが大きい）。SESの高い家庭の子どもはばらつきが少なく学力の高い子が多いですが、低い家庭ではばらつきが大きくなっていることがわかります。

このことから、たとえ親の経済力や社会的地位が低くても、なかには学力の高い子どもがいることがわかります。つまり、学力を伸ばす要因は、経済力以外にもあるのです。

※1 耳塚寛明・浜野隆・冨士原紀絵編著, 2021,『学力格差への処方箋［分析］全国学力・学習状況調査』勁草書房

学力

全国学力調査で判明した学力が高い家庭の8つの特徴

生活習慣と親のかかわりがカギ

親の経済力が低くても、子どもの学力の高い家庭では、いったいどんな特別なことをしているのだろうと考えてしまいますよね。

参考書をたくさんやらせていたり、親がつきっきりで勉強を教えていたり……そんな教育法を浮かべる人も多いのではないでしょうか。

そこで、筆者は大都市に住む年収300万円未満の世帯について、学力A層（上位25％）と学力D層（下位25％）を比較して、学習状況調査のアンケート項目にどのような差があるのかを調べました（図3－19）。[※1]

※1 耳塚寛明・浜野隆・冨士原紀絵編著, 2021,『学力格差への処方箋［分析］全国学力・学習状況調査』勁草書房

その結果、学力A層の家庭には次のような傾向があることがわかりました。

①毎朝決まった時間に起こすなど、生活習慣を安定させている
②子どもの良いところをほめるなどの肯定的なしつけをしている
③子どもが日常的に本や新聞などを読むようすすめている
④普段から子どもに計画的に勉強するよう促している
⑤子どもと一緒に図書館に行く
⑥テレビゲームで遊ぶ時間を限定している
⑦家庭の蔵書数が多い
⑧保護者がよく本や新聞を読む

これらの傾向から、親が子どもの学力アップにできることとして、「しつけなどの働きかけ」「図書館などの積極的な利用」「親の行動や意識」「家庭の蔵書数」がポイントになると考えています。

学力も「安全基地」になり得る

こうして形成された学力は、非認知能力に好ましい影響を与えます。

学力は認知能力ですが、低いよりも高いほうが子どもの非認知能力も高くなる傾向があると考えられます。

なぜなら、学力や成功体験はＰａｒｔ１でお話した子どもの「安全基地」になり得るからです。

たとえば、子どもの学力が高く、学校でも一目置かれるような存在だったとしたら、学校生活への適応感が高くなります。

また、学校で子どもがいい人間関係を築くことができていて、居心地のいい場所であれば、安心できるひとつの居場所（＝安全基地）にもなります。

学力だけでなく、スポーツ活動や委員会などの課外活動も安全基地になり得ます。

何らかの成功を体験し、その場所に自身の居場所や役割があり、落ち着くことができれば、非認知能力と認知能力にいい影響をもたらすと考えられます。

図3-19　大都市部に住む年収300万円未満の家庭の学力と生活習慣(%)

	学力A層	学力D層	差
子どもが決まった時刻に起きるようにしている	64.5	61.8	2.7
毎日子どもに朝食を食べさせている	82.7	65.4	17.3
テレビゲームをする時間を限定している	28.2	21.0	7.2
子どもの良いところをほめるなどして自信をもたせるようにしている	38.0	27.8	10.2
子どもと一緒に図書館に行く	61.6	29.9	31.7
子どもに本や新聞を読むようにすすめている	33.1	17.0	16.1
子どもが小さいころ、絵本の読み聞かせをした	48.2	32.4	15.8
計画的に勉強するよう子どもに促している	33.1	20.1	13.0
親が政治経済や社会についての新聞記事を読む	25.7	16.7	9.0

先に挙げた学力を向上させる取り組みは、多くの家庭で実践できますし、これまでもごく当たり前のように言われてきた取り組みではあります。

ただ、科学的に裏付ける証拠が増えてきたことによって、よりくわしい要因の解明が進み、具体的な実践の手がかりを得ることができるようになってきています。

現段階でいえるのは、学力は非認知能力との相互作用を通じて伸ばしていくことができるということ。そして、そのためにも子どもが安心して過ごせる場所があることが重要だということです。

学力

難解な問題も投げ出さない！逆境を克服するレジリエンス

困難に直面したときこそ成長の瞬間

学力向上に欠かせない非認知能力に「レジリエンス」があります。これは、逆境や困難を克服する力のことを指します。

とはいえ、鋼のように折れない心を指すものではありません。もともと「回復力」「弾性（しなやかさ）」という意味があるように、むしろ竹やスポンジのように、しなやかに「元に戻る力」を表しています。※1

学力は、難解な問題にぶつかったときに、どう対応するかによって伸びる子と伸びない子に差が生じます。レジリエンスの高い子であれば、その問題について教科書を

※1 小塩真司・平野真理・上野雄己編著, 2021,『レジリエンスの心理学 社会をよりよく生きるために』金子書房

図3-20 レジリエンスを伸ばすトレーニング

※次の①～④の項目を「○○○」の部分に3つぐらいの言葉を入れて、声に出すか、思い描いてください

① 私は○○○

例）私はやさしい、私は素直、私は几帳面

② 私は○○○ができる

例）私はあいさつができる、私はスポーツができる、私は早寝早起きができる

③ 私は○○○が好き

例）私は野球が好き、私は猫が好き、私は映画が好き

④ 私には○○○がいる、私は○○○をもっている

例）私には弟がいる、私には大切な宝物がある、私には親友がいる

調べたり、先生に質問をしたりして何とか回答を導き出そうと努力しますが、レジリエンスの低い子は、そのまま投げ出してしまうことがあります。

さらに、難解な問題は自分で解けたときに大きな達成感を得られるので、次の勉強へと向かう意欲にもなります。

レジリエンスは生まれもった資質で決まるものではありません。**自分のいいところを見つめて、客観的に掘り起こすトレーニング**によって、筋肉のように鍛えることができます。その有名な方法が上図です。子どもが恥ずかしがるようなら、日ごろの会話の中に盛り込んでもいいですね。

学力

快適すぎない生活が子どもの学力を伸ばす

小さなケガは大きなケガを防ぐ

レジリエンスは、日ごろストレスを感じる場面において発揮され、その状況に合わせて柔軟に適応するように行動を促します。

こうしたレジリエンスは、身近な困難に対して自己を調整する能力であり、**エゴ・レジリエンス**と呼ばれたりもします。[※1]

エゴ・レジリエンスは生活において重要な役割を果たします。たとえば、勉強をしていて解けない問題に直面したとき、そのストレスに耐えきれず、逃げ出してしまうようだと学力は身につかず、それ以上向上しなくなってしまいます。

※1 小塩真司編著, 2021,『非認知能力 概念・測定と教育の可能性』北大路書房

しかし、エゴ・レジリエンスを身につけている人であれば、「いまは煮詰まったから、少し休憩してからもう一度やってみよう」などと柔軟に対応できるのです。

こうした能力を高めるためには、あまりに快適すぎる生活をしないこと。現代は技術の発展で、ほとんど動かなくてもモノが買えたり、家電製品のスイッチさえＡＩがつけてくれたりする時代になりました。

しかし、何のストレスもない生活を続けていると、ちょっとしたストレスに直面したときに対応できなくなってしまうのです。

子育ての場面においても同じことがいえます。たとえば、子どもが初めて階段に登ろうとしたとき、「危険だから」と抱きかかえてしまったら、いつまで経っても階段の昇り降りはできません。

多少の困難や小さなケガは、子どものレジリエンスを高め、大きなケガを防ぎます。親は過保護になりすぎないよう、あたたかい日で見守る姿勢を貫きましょう。

学力

子どもの「できない」がわかる学校のテストの重要性

子どもだけでは解決できない問題には介入する

レジリエンスを伸ばそうとする教育プログラムは世界各国で行われつつあります。これはレジリエンス教育がポジティブな人材を育てるために重要視されているからです。

イギリスの心理学者イローナ・ボニウェルはレジリエンス教育の第一人者で、日本ポジティブ教育協会の顧問も務めています。彼女はロンドンの13歳を対象に自身が開発したレジリエンス教育のプログラムの効果測定を行いました。[※1]

その結果、プログラムを受けた子どもは、レジリエンスだけでなく自己効力感や自尊感情も高まるという結果が得られています。

※1　日本ポジティブ教育協会, 2015,『心の回復力（レジリエンス）を育てる教育プログラムの実践』

これらの教育プログラムで大切なのは、ポジティブな思考を身につけ、つまずきに対する前向きな対処を学ぶことにあります。

子どもは成長過程でさまざまな失敗を経験します。勉強や友人関係、または家庭環境でも失敗を経験することがあるでしょう。

そのとき、親がとるべき行動は、つまずきから立ち上がるために手を差し伸べることです。これまでは見守りを重視してきましたが、実際に失敗してしまい、子どもだけでは解決できない問題に直面したときは、その壁を乗り越える手助けが必要です。

学校のテストなどは、学力において子どものつまずきを発見するいい指標になります。テストをよく見ていると、それまで順調にできていたのに急にできなくなったりすることもわかります。たとえば、かけ算は得意だったけど、割り算になって点数が落ちていたら、それは子どものつまずきかもしれません。そのようなときは、前述した「足場かけ」(P80参照)を活用してヒントを出してあげてください。日ごろから子どものできること、できないことをよく観察し、子どもが解決できない問題には積極的に介入することがポイントです。

学力

満足できる睡眠と日々の運動習慣を大切に！

睡眠の質が学力に影響する

学力は子どもの健康状態にも大きく左右されます。規則正しい生活を送っている子のほうが学力が高いことがわかっていますが、なかでも睡眠は大切な要素です。

琉球大学が中学3年生を対象に、睡眠と各教科の成績を調査したところ、睡眠に満足していると回答した子のほうが、睡眠に不満を抱えている子よりも成績が高くなる傾向が明らかになりました。※1

一方で、睡眠時間と成績との間には、あまり関連性がないことも報告されており、睡眠は量より質のほうが重要だと考えられます。

※1 笹澤吉明, 2011,「沖縄県の中学3年生における学力と睡眠習慣及び他の生活習慣との関連」『琉球大学教育学部紀要』第78集, 157-171.

運動習慣は非認知能力に深く関連している

また、運動習慣も学力を向上させる要因だと考えられています。運動は脳を活性化させることがわかっており、子どもの非認知能力との関連性が指摘されています。

発育発達学者の中野貴博は、幼稚園児を対象にして測定した体力を非認知能力の調査を行いました。その結果、特定の運動が非認知能力の向上に影響している可能性が指摘されています。※2

たとえば、一人遊びや公園などでの屋外遊びのほか、25m走やソフトボール投げなどといった運動が、リーダーシップや意欲を育むことが示されています。

つまり、睡眠や運動は、認知能力や非認知能力にも関連した大切な生活習慣だといえるでしょう。

※2 中野貴博, 2019,「身体活動と非認知能力の関連性－非認知能力は体力・運動能力とも強く関連する－」『体力科学』第68巻, 第1号, 36-39.

学力

家庭内がぐちゃぐちゃだと子どもの学力が低下する!?

家庭は安心できる環境を心がけよう

レジリエンスや自己肯定感といった非認知能力との関連が深い睡眠ですが、その質を低下させる要因として、家庭内の環境が挙げられます。

近年の研究では、家庭内がゴミだらけだったり、常にうるさかったり、せわしない状況だったりすると、**睡眠の質が低下するだけでなく、学力や非認知能力を低下させる**ともいわれています。※1

左のチェックリストはその研究で使用された質問の例です。

これはＣＨＡＯＳ（混乱・喧騒・秩序）とも呼ばれる尺度で、近年注目されはじめました。いわば家庭内の「混乱度（カオス度）」を測る尺度です。想像すれば当然だと

※1 Samantha Marsh, Rosie Dobson & Ralph Maddison, 2020, The relationship between household chaos and child, parent, and family outcomes: a systematic scoping review, BMC Public Health , 20, Article number: 513.

図3-21　家庭内でのカオス度チェックリスト

- □ 家の中でケンカや騒動がしょっちゅう起きていた
- □ 必要なときに必要なものを見つけられない状態だった
- □ いつもせわしなく動き回っていた
- □ いつも何かに乗ってるような、ふわふわした状態で生活していた
- □ 家の中は動物園のように混乱していた
- □ 不要な心配事がたくさんあった
- □ どんなにがんばっても、いつも遅刻しそうだった
- □ 家の中でリラックスできなかった
- □ 家の中で邪魔されずに会話をするのが困難だった
- □ 家の中は、かなりうるさい状態だった

いうことがわかります。たとえば家の中が散らかっていれば、勉強道具や教科書が見当たらなくなりますし、必要なものを見つけられないと時間をロスします。家族がうるさければ勉強に集中できませんよね。

Part1でも述べたように、家庭はリラックスできる「安全基地」であることが大切です。きょうだいがうるさいと改善はなかなか大変かもしれませんが、まずは整理整頓などのできることからはじめるといいかもしれません。

学力

本の読み聞かせや読書習慣は理系分野の学力も伸ばす！

読書で得られる学力向上のエビデンス

本の読み聞かせなどといった読書習慣が教育にいい。おそらくこの話を聞くのは初めてではないでしょうし、すでに実践している人も少なくありません。

では、具体的に学力にどのような影響があるのでしょうか。

SES（P236参照）の低い家庭の『全国学力・学習状況調査』のデータを見てみましょう（図3－22）。これは、「子どもに本や新聞を読むようにすすめている」と回答した家庭において、子どもの学力テスト（算数・数学）の点数がよかった上位25%のA層と、悪かった下位25%のD層の割合を比較したものです。※1

※1 お茶の水女子大学, 2014,『平成25年度全国学力・学習状況調査（きめ細かい調査）の結果を活用した学力に影響を与える要因分析に関する調査研究』

図3-22 「子どもに本や新聞を読むようにすすめている」家庭の学力

	算数B		数学B	
	A層（上位25%）	D層（下位25%）	A層（上位25%）	D層（下位25%）
あてはまる	25.7	16.8	21.1	13.3
どちらかといえば、あてはまる	40.1	36.1	38.5	30.6
どちらかといえば、あてはまらない	28.1	35.3	33.3	39.9
あてはまらない	6.1	11.8	7.1	16.2

これを見ていただければわかるように、読書をすすめていると回答した家庭ほど算数でも数学でもΛ層の割合が高くなっています。

読書習慣は、ボキャブラリーや豊かな感情を育てるだけでなく、理系の分野でもいい影響を与えるのです。幼少期の子どもがいるなら読み聞かせをしたり、もう少し大きな子どもがいる家庭なら手の届く範囲に本を置いてあげたりするといいでしょう。

こうした学習効果をさらに高めるためには、読んだ本や新聞のニュースなどについて親と話し合うことも効果的です。親子で共有することで子どもが多様な意見などに触れることができ、自発的に物事を考える力も伸びるからです。

学力

中学生が嫌いな英語苦手意識をなくす方法

スモールステップを実践してみよう

日本の中学生は英語が苦手という子が多いようです。ベネッセ教育総合研究所の2015年の調査によれば、「好き」「まあ好き」と回答した割合は、「保健体育」が66・6%でトップ。次いで「技術・家庭」「総合的な学習の時間」と続いています（図3－23）。※1

一方、「英語」は50・4%で最下位。実は2006年も最下位となっており、英語に苦手意識の強い子どもが多いようです。

ある研究では、嫌いになる原因として「英語学習をがんばっても成果が出ない」「英

※1 ベネッセ教育総合研究所『25年間で子どもの好きな教科はどう変わった？』
https://benesse.jp/kyouiku/201706/20170607-2.html

語の授業がつまらなくて苦痛である」などが挙げられています。[※2]

このような苦手意識を抱いてしまうのは、英語そのものというよりも、英語に関するネガティブな経験や感情が原因だと考えられます。

たとえば、「英検で友だちは合格したのに自分は不合格だった」「英語が話せなくて恥ずかしい思いをした」などの経験によって、苦手なイメージをつくりだしてしまっているのでしょう。

図3-23 好きな教科ランキング

保健体育	66.6
技術・家庭	59.5
総合的な学習の時間	58.7
音楽	58.1
社会	57.8
美術	56.3
数学	54.5
理科	51.4
国語	50.8
英語	50.4

そんなときはスモールステップ（P176参照）を活用し、簡単な英単語のテストなどからはじめて成功体験を積み重ねていきましょう。英語は数学などとちがって、覚えれば覚えるほど点数が伸びます。成功体験を得やすい教科でもあるので、かかわり方次第で苦手意識を克服しやすいともいえます。

※2 菊池せつ子, 2014,「英語嫌いの学生とどう向き合うか」『武蔵丘短期大学紀要』第22巻, 21-27.

著者

浜野 隆（はまの たかし）

お茶の水女子大学基幹研究院教授。専門は教育社会学・教育開発論。研究内容は「子育てと非認知能力」「家庭環境と学力」「教育格差」「保育・幼児教育」など多岐にわたる。文部科学省委託の「学力調査を活用した専門的な課題分析に関する調査研究」の代表者として家庭環境と学力・非認知的能力の関係を分析。「全国学力・学習状況調査」個票データ貸与に関する有識者会議委員、世田谷区教育委員会教育研究アドバイザーとして教育行政にも関わる。

STAFF

デザイン　藤塚尚子（etokumi）
D　T　P　川野有佐
イラスト　神林美生
執筆協力　鈴木裕太

非認知能力×認知能力
子どもの才能を伸ばす 最高の子育て

2023年7月13日　初版第1刷発行

著　者　浜野 隆
発行人　片柳秀夫
編集人　志水宣晴
発　行　ソシム株式会社
https://www.socym.co.jp/
〒101-0064　東京都千代田区神田猿楽町1-5-15 猿楽町ＳＳビル
TEL：（03）5217-2400（代表）
FAX：（03）5217-2420
印刷・製本　株式会社暁印刷

定価はカバーに表示してあります。

落丁・乱丁本は弊社編集部までお送りください。送料弊社負担にてお取替えいたします。

ISBN978-4-8026-1416-0